# 淡定人生

## 禪宗歷史與禪學文化

楊國霞 編著

達摩說：境本非境，界也無界，
世界本是空廓無相，也無聖道存在的境界。
梁武帝問：既然無聖，那麼現在與朕說話的人是誰！
達摩答道：不知道。

我本非我，你也非你，世界本來便是空寂、圓融、清靜、妙密的無相

南印度高僧菩提達摩祖師是中國佛教禪
宗的初祖，他開創了中國禪宗一脈，之
後，他把禪宗衣鉢傳給弟子慧可，於是
綿延不絕的禪宗歷程由此展開……

# 目錄

# 目錄

## 一花五葉—禪宗門派

# 思想濫觴 —— 禪法起源

　　大約西元前後兩漢之際，佛教由古印度正式傳入中國，自此佛教在中國傳播開來。佛教中關於「禪」的思想也由此開始了發展衍變。

　　中國禪宗的出現，是中國古代佛教徒對印度傳來佛教思想的創新結果，體現了中國傳統思想文化同印度宗教學說的融合與吸收。南印度高僧菩提達摩祖師是中國佛教禪宗的初祖，他開創了中國禪宗一脈，之後，他把禪宗衣鉢傳給弟子慧可，於是綿延不絕的禪宗歷程由此開始。

# 早期的依教修心禪

　　那是在中國東漢末年，西域安息國太子安世高隻身東來。當時正值中原動盪，安世高避禍江南，弘揚佛法並翻譯佛經，成為將小乘佛教帶入中國的第一人。

　　其實，在安世高來中原之前，佛教就已經傳入中國，並且已經有了一定的影響。那時的佛教信徒對於佛教的了解還很膚淺，主要還是把它當作一般的方術，以祈求福佑並希望藉以滿足一些現實需求。

　　隨著來到漢地的僧人增多，信徒們已經知道，域外僧徒有一種被稱為「禪」的重要修行方法，大家覺得都很神奇，也希望自己能如法地修行，但就是不知道怎樣進行。

　　在這種情況下，安世高根據信徒的需求和自己的學問所長，譯出了早期的一批佛經，主要有《安般守意經》、《阿毗曇五法四諦》、《十二因緣》、《禪行法想》、《陰持入經》、《修行道地經》等。其中的《陰持入經》，是提倡由禪定退治煩惱，由戒、定、慧三學控制貪、瞋、痴三毒之方法的小乘經典。

　　「禪」一詞，本是梵文「禪那」的略稱，其意譯為靜慮、思唯修等，即安靜地坐在那兒，集中思慮，排除雜念，沉思默想。透過精神高度集中，使心的思慮集中到某一點，從而達到內心寧靜，不受外界各種因素干擾的作用，屬於一種精

神和意念的修練方法。

佛陀全部佛學，可以概括為戒、定、慧三學。其中「定」，梵文音譯為「三昧」或「三摩地」，意為「等持」，指集中全部精神，使心專注於一境而不散亂。佛教認為這是獲得正確的認識和智慧的先決條件。

禪的修行方法就屬於定的內容。由於禪與定有著密切的關聯，因此，中國佛教往往將兩者合稱為「禪定」。

佛陀的「慧」指智慧，這裡所說的慧是一種宗教智慧，是透過宗教修練、內心的體驗和證悟，才能得到的佛教的最高智慧，即宇宙的終極真理。這種宗教智慧，能使修持者斷除煩惱，得到解脫。

「禪」是靜慮之意。「靜」即寂靜，就是止、定的意思，也就是止息雜想，心注一境；「慮」即思慮、審慮，也就是觀、慧的意思。這樣，「禪」就包括了止和觀，也即「定」和「慧」兩個方面。

安世高翻譯講授的《安般守意經》，專門介紹安般禪，即數息修禪。數息修禪，也可稱為數息觀，為佛陀所教導的禪定修行法門之一。

「安般」指呼吸，就是佛家所說的「守意」，即為守持自己的意念，專注於一心而不散亂。它是用數息的方法，令煩躁不安的散亂之心慢慢平復下來。

由於這種要求調息止意的修行方法，與當時道家提倡的導氣、守一吐納呼吸功在形式上有些類似，所以成為當時流行的一種禪法，傳習者也很普遍。

安世高禪學主旨在修練精神，守意明心。他認為「心」本身是極其微妙的。但由於「五蘊」積聚而形成的形體，使「心」產生了意念，紛繁的意念又使人懷有各種慾望，從而遮蔽了「心」的本來面目。好像明鏡被蒙上了汙泥塵垢，失去了本來的明亮和清澈。只有擦去鏡上的泥垢，才能恢復明鏡本來的清亮。

同樣，只有透過不斷地修練，澄清一切意念慾望，如同擦去明鏡上的汙垢，才能使「心」復明，復歸於本然。所以，這種禪法是以專注一心而求明心去垢的精神修練。

禪法傳入中國初期，一方面憑藉佛法的究竟解脫，吸引徒眾，另一方面也借助其神祕的定力、奇異神通，增加其吸引力。

後漢末年，西域大月氏僧人支婁迦讖來漢譯出《首楞嚴三昧經》，弘揚念佛三昧法門。由此，中國開始有了念佛禪的概念。念佛禪指為修習禪定而念佛的法門。

大乘佛教擴大了禪的範圍，不再拘泥於固定的靜坐形式。大乘禪的種類很多，其中主要的是念佛禪和實相禪。

至兩晉時期，佛教很盛，譯經和傳禪的人很多。當時，

成就大而影響深的有竺法護、慧遠禪師、鳩摩羅什法師和跋陀羅。

竺法護梵名曇摩羅剎，世居敦煌郡，8歲出家，禮印度高僧為師，隨師姓「竺」，具有過目不忘的能力，讀經能日誦萬言。

竺法護博學強記，刻苦踐行，深深感覺到當時佛教徒只重視寺廟圖像，而忽略了西域大乘經典的傳譯，實是缺憾。因此發心弘法，隨師西遊。

竺法護通曉了西域各國不同的36種語言文字，蒐集大量的經典原本，譯出了150餘部經論。184年，竺法護在敦煌譯出《修行道地經》7卷、《阿唯越致遮經》3卷；186年，在長安譯出《持心梵天經》4卷、《正法華經》10卷、《光贊般若經》10卷；189年，在洛陽譯出《文殊師利淨律經》1卷；294年，在甘肅酒泉譯出《聖法印經》1卷；297年，在長安譯出《一切漸備智德經》5卷等。

竺法護的譯本，有般若經類、華嚴經類、寶積經類、大集經類、涅槃、法華經類、大乘經集類、大乘律類、本生經類、西方撰述類等，種類繁多，幾乎包括了當時西域流行的重要的佛教典籍，這就為大乘佛教在中國的傳播打開了廣闊的局面。

到了東晉時期，當時的道安法師是一位得道高僧，他在

佛教領域裡的貢獻是多方面的。關於禪學，道安對安世高所傳的小乘安般守意禪十分重視，曾經撰有《安般注序》、《十二門經序》等有關禪學經典的注序多篇，而這些禪學經典又多是由安世高翻譯介紹過來的。

道安所著的這些經序，反映了他對於禪學和禪修的看法。道安認為安般守意是修行達道的必要途徑。他認為安般守意的禪法修行過程中，有六階四級之別，也就是說，要經過 6 個階段、4 個等級順序漸進的修行，才能最終達到「無為」、「無慾」的境界。這是一種以般若思想和禪學修行相結合的禪觀。

跟隨道安法師修行的有一個弟子叫慧遠。慧遠精讀佛典，傾心領會其中的玄妙義理，很快對佛教禪理的領悟就非同一般了。他的師父道安大師常常讚歎說：「使佛道流布中國的使命，就寄託在慧遠身上了！」

慧遠專主念佛禪。381 年，慧遠大師率弟子路過廬山，發現廬山是個修行的好地方，遂決定在此駐錫弘法。

江州刺史桓伊於 386 年在廬山東建東林寺，慧遠就以東林寺為道場修身弘道，著書立說。

402 年 7 月，慧遠在東林寺創蓮花社。蓮花社共 123 人，他們在般若台精舍彌陀佛像前，建齋立誓，專修念佛三昧，共期往生西方。

慧遠大師所創蓮社以修念佛三昧為主，其所依據的經典是《無量壽經》與《般舟三昧經》。《無量壽經》所示「發菩提心，一向專念阿彌陀佛」，乃是慧遠及蓮社眾人共修的綱宗。

慧遠大師居廬山 30 年，未嘗下山，送客亦足不過虎溪。其參禪念佛，不是口唱念佛，而是一心專念，他弘揚念佛禪而開禪淨合一之端，為後世念佛禪之祖。

慧遠大師之後，專主念佛禪者有曇鸞、善導等僧人。曇鸞法師本為北魏人，因求長壽之術，來到南朝梁地，在洛陽遇到菩提流支法師。菩提流支法師授予他《觀無量壽經》，並告訴他依此修學必得長壽。曇鸞法師遂專修《無量壽佛》法，並廣弘傳揚。

隋代道綽法師原修習禪定，因讀曇鸞法師遺著，遂決定專修淨土，持久念佛。此念佛法門唐代善導法師弘揚最盛，後為日本淨土宗所繼承。

後秦時期，天竺高僧鳩摩羅什應邀來到長安譯經弘法。在長安，鳩摩羅什翻譯了大量佛經，其中有《中論》、《百論》、《十二門論》、《般若經》、《法華經》、《大智度論》、《維摩經》、《華手經》、《成實論》、《阿彌陀經》、《無量壽經》、《禪法要略》、《坐禪三昧經》等。

鳩摩羅什翻譯的《禪法要略》開啟了實相禪法。實相禪

是把禪法和空觀連繫起來，即在禪觀中既要看到一切事物的空性，又要看到事物的作用。

將實相禪應用到實地修行的有北齊禪師慧文、慧思等。慧文禪師學徒數百，他依《中論》、《大智度論》而修禪。《中論》從空、假、中的理境上修止觀；《大智度論》倡「三智一心」，即諸法實相，即是實相禪。

慧思跟從慧文修學，得初禪，後忽然悟入法華三昧，深達實相，遂在南朝弘法實相禪。

與鳩摩羅什差不多同時在長安傳授禪法的，還有佛陀跋陀羅，即覺賢。他所傳的則是流行於廚賓地區的小乘佛教說一切有部的禪法。

據《出三藏記集》卷 12 的《薩婆多部記目錄》記載，佛陀跋陀羅是有師承的著名禪師。他來長安之時，正值鳩摩羅什在西明寺廣譯眾經。

在當時，佛陀跋陀羅所傳的禪法，已經在長安產生了一定的影響。但他所傳的小乘有部禪法，與鳩摩羅什所傳的大乘菩薩禪有很大區別。因此，佛陀跋陀羅與鳩摩羅什門下產生了矛盾，最後不得不於 410 年帶領弟子慧觀等人離開長安，來到江南。

佛陀跋陀羅翻譯的禪經，主要有《修行方便禪經》，這是說一切有部的重要禪經。此經以數息觀、不淨觀、界分別等

「五停心觀」對治貪、嗔、痴、慢等。其中特別強調數息觀與不淨觀,將此二者稱之為「二甘露門」,加以詳細說明。

《修行方便禪經》中要求修行者透過循序漸進,漸漸開導迷濛,最後達到「原妙反終,妙尋其極」的效果。它比以前所流行的安系禪經更加組織化、系統化。因此,此經一譯出,就受到相當的重視。

這幾種禪法大體上都是依佛教經典而修,故名「依教修心禪」,這些禪法都離不開如來佛典,可稱為如來禪。它不同於師徒授受、以心傳心、不立文字的「祖師禪」,與有一定宗旨、道場、道風、傳承的禪宗,有很大的距離,但它又為漢地禪宗的創立奠定了基礎。

後來的漢地禪宗主定慧雙修。定而無慧,易走火入魔,陷入邪定;慧而無定,則不能成就功德,無法真正得到解脫。依《中論》、《大智度論》、《法華經》、《維摩經》而修實相禪,為定慧結合提供了可能。

上述早期依教修心禪在中原的傳播,對於後來達摩來漢地創立禪宗做了必不可少的準備工作,對漢傳佛教的傳揚產生了歷史性的影響。

## 【旁注】

- **西域**：西域狹義上是指玉門關、陽關以西，蔥嶺即帕米爾高原以東，巴爾喀什湖東、南及新疆廣大地區。而廣義的西域則是指凡是透過狹義西域所能到達的地區，包括亞洲中、西部地區等。西域地區是華夏文明的發源地之一。

- 《**陰持入經**》：東晉佛教學者道安翻譯的佛教，被認為是最能代表安世高系的禪經，重視概念的推演，透過對佛教基本概念的論述以表達禪法思想，主張透過止息雜念與斬除煩惱以得到智慧，使人從無明與愛慾中得到解脫。其禪定與禪觀之論，為中國禪學思想之初傳。

- **道家**：中國土生土長的固有宗教。道教以「道」為最高信仰，追求自然和諧、國家太平、社會安定、家庭和睦，充分反映了中國古人的精神生活、宗教意識和信仰心理。對中國的學術思想、政治經濟、文學藝術、科學技術、倫理道德、思維方式、民風民俗、民間信仰等方面都產生了深遠的影響。

- **後漢**：五代之一，與南唐、吳越、楚、南漢、後蜀、南平等政權並立。劉知遠所建，定都開封。盛時疆域約為今山東、河南兩省，山西、陝西的大部及後漢疆域河北、寧夏、湖北、安徽、江蘇的一部分。歷二帝，前後約 4 年。

- **晉武帝**（236 年～ 290 年）名司馬炎，字安世，河內溫縣，即今河南省焦作市溫縣人，晉王朝開國皇帝，史稱晉武帝。265 年司馬炎建國，國號晉，建都洛陽。在位期間採取一系列經濟措施以發展生產，太康年間出現一片繁榮景象，史稱「太康之治」。

- **道安**（312 ～ 1385 年）東晉時期傑出的佛教學者。道安重視般若學，一生研講此系經典最力，同時重視戒律，搜求戒本至勤，又注意禪法。他使原本零散的佛學思想，得以較完整的面目呈現於世，因此被視為漢晉間佛教思想的集大成者。

- **廬山**：中國名山，五嶽之一，位於江西九江，山體呈橢圓形，典型的地壘式塊段山，長約 25 公里，寬約 10 公里，綿延 90 餘座山峰，猶如九疊屏風，群峰間風景尤佳。廬山以雄、奇、險、秀聞名於世，具有極高的科學價值和旅遊觀賞價值，素有「匡廬奇秀甲天下」之美譽。

- **北魏**（386 年～ 557 年）是由鮮卑族拓跋氏建立的封建王朝，是南北朝時期北朝第一個朝代，又稱拓跋魏、元魏。534 年，北魏分裂為東魏與西魏。550 年，北齊建立。557 年，北周建立，北魏歷史正式結束。北魏時期，佛教興起，佛教得到空前發展。

- **後秦**（384 年～ 417 年）五胡十六國之一，羌族政權，

又稱姚秦。前秦龍驤將軍姚萇所建，建都常安，就陝西
長安。極盛時轄有今陝西、甘肅、寧夏及山西、河南的
一部分，占據關中多數的重要政治、經濟城鎮和關東大
片領土。歷 3 主，共 34 年。

- **說一切有部**：音譯為薩婆多部，部派佛教上座部中的一
  部，簡稱為有部，別名說因部。佛滅 300 年後，從上座
  部分出。說一切有部的根本重地在罽賓地方，印度古代
  佛教哲學家、邏輯學家，印度大乘佛教中觀派奠基人龍
  樹曾經到此學法。

- **《維摩經》**：佛教經典之一。全稱《維摩詰所說經》，一
  稱《不可思議解脫經》，又稱《維摩詰經》。後秦鳩摩
  羅什譯，3 卷，14 品。敘述毗耶離即吠舍離城居士維摩
  詰，十分富有，深通大乘佛法。透過他與文殊師利等人
  共論佛法，闡揚大乘般若性空的思想。

【閱讀連結】

安世高是東漢末年西域安息國的太子，他年幼時以
孝行聞名，聰敏好學，深知世間疾苦，並精通各國
典籍。有一次，他走在路上，仰頭看見一群飛翔的
燕子，忽然轉身告訴同伴說：「燕子說，等會兒一定
有送食物的人來。」不久，他的話果真應驗了，眾
人都感到非常奇異，這件事使他名震西域。

安世高的青少年時代，國內政治鬥爭尖銳複雜。他對統治集團的奢侈腐化和爾虞我詐深感厭倦，所以蔑棄榮華富貴，服膺佛教，雖然居於王宮，卻自覺地嚴格尊奉佛教戒律，並時常舉行法集宣講佛理，同時盡力向佛寺施捨。

# 達摩東來漢地開禪宗

那是在中國南朝梁武帝時期，印度禪宗第二十八祖師菩提達摩為了傳播佛法，帶領一行人遠涉重洋，在海上顛簸了3年之後，終於到達了中國的南海。

菩提達摩，又稱菩提達磨，意譯為覺法，原名叫菩提多羅，成年之後依照習俗更名為達摩多羅，簡稱達摩。據說他是南天竺香至王的第三子，屬剎帝利種姓，也有說屬婆羅門種姓，還有的說是波斯人。

達摩自小就聰明過人，因為香至王對佛法十分虔誠，因此從小達摩就能夠遍覽佛經，而且在交談中會有精闢的見解。

在達摩成長的過程中，禪宗第二十七代祖師般若多尊者遊歷天竺國，一路弘揚佛法教化眾生。達摩被般若多尊者普度眾生的理想，以及豐富的佛學智慧所吸引，就拜在般若多尊者的門下，成為禪宗的門徒。

　　達摩出家後，發願要將當時印度分裂的佛法思想統一起來，使佛法在印度振興起來。有一天，他向師父般若多尊者求教：「我得了佛法以後，該往哪一國去做佛事呢？聽您的指示。」

　　般若多羅尊者說：「你應該去震旦。」然後又說，「你到震旦以後，不要住在南方，那裡的君主喜好功業，不能領悟佛理。」震旦指的就是當時的中國。

　　達摩遵照師尊的囑咐，準備好行李，駕起一葉扁舟，乘風破浪，漂洋過海，用了 3 年時間，歷盡艱難曲折，來到廣州。

　　那個時候，南方正處於梁武帝蕭衍執政時期，梁武帝是個篤信佛教的皇帝。在他執政的 48 年內，國內平靜無戰事，長江流域進入經濟文化的發展時期，佛教也因此達到鼎盛。

　　據統計，梁朝的佛寺多達 2,846 座，僧尼有 82 萬餘人。佛經翻譯、佛教詩文、繪畫、造像，都有了相當的發展。後來唐代詩人杜牧在《江南春絕句》中描寫南朝佛教中心京都建康佛寺之盛時這樣說：「南朝四百八十寺，多少樓臺煙雨中。」實際上當時的建康建有佛寺 500 所。

　　達摩來到廣州以後不久，廣州刺史蕭昂備設東道主的禮儀，歡迎達摩，並且上表奏稟告梁武帝。

　　梁武帝原本篤信佛教，聽到這件事，立即派使臣把達摩接到京都金陵，為其接風洗塵，以賓客之禮相待。

在席間，梁武帝問達摩：「朕繼位以來，營造佛寺，譯寫經書，度人出家不知多少，有什麼功德？」

　　達摩說：「並沒有功德。」

　　梁武帝大惑不解，問道：「為什麼沒有功德？」

　　達摩說：「這些只是世間的福德，因為福德與功德不同，外修諸善事的只是福德，倘若不能自己內證得自性即是無功德。」

　　梁武帝又問：「那怎樣才是真功德呢？才能修行成佛？」

　　達摩說：「潔淨圓滿的得道者才算是有功德。功德原本在法身中，不在修福的事上求。功德是要靠內心修練，明心見性，方成正果。心若背覺合塵即是眾生，心若背塵合覺即是佛，從而達到精神永駐、萬劫不變的最高境界。」

　　達摩見梁武帝還沒有明白，又進一步解釋說：「一句話，心即是佛，佛在心中。功德是要靠內心修練，明心見性，方成正果。」

　　梁武帝似乎還沒有明白，於是又問：「得道高僧至高無上的真理聖諦，什麼是聖諦第一義？」

　　達摩說：「境本非境，界也無界，世界本是空廓無相，也無聖道存在的境界。」

　　梁武帝茫然不知所云，又問：「既然無聖，那麼現在與朕說話的人是誰？」

在達摩的眼中，空無一物，哪有什麼皇帝。因此，達摩答道：「不知道。」

這是充滿禪機智慧的回答，意思是說：我本非我，你也非你，世界本來便是空寂、圓融、清靜、妙密的無相。

梁武帝缺乏悟性，沒有領悟到達摩的話中禪理。達摩自知無法度化這位皇帝，便告別回到驛館。

幾天後，達摩悄然走出城去，來到了長江邊，渡江北上來到了北魏都城洛陽。在洛陽，達摩來到了永寧寺，在看到永定寺十分精美的寶塔後，嘆為各國所無，由此合掌連日。之後，達摩手持禪杖，信步而行，見山朝拜，遇寺坐禪。

這一天，達摩來到河南嵩山少林寺。他看這裡群山環抱，森林茂密，山色秀麗，環境清幽，心想，這真是一塊難得的佛門淨土。於是，他就把少林寺作為他落跡傳教的道場。

在少林寺，達摩廣集僧徒，首傳禪宗。自此以後，達摩便成為中國佛教禪宗的初祖，少林寺被稱為中國佛教禪宗祖庭。

由於達摩經常長時間面壁修習禪定，共計 9 年，人們不知道他葫蘆裡賣的什麼藥，就管他叫「壁觀婆羅門」。

達摩在傳教時，跟隨他的弟子有很多，知名者說法不一，其中，道育、慧可、僧副、曇林、尼總持等是各種典籍中所同認的。

道育也叫慧育，原先叫道房，為人比較樸實，他受道的方式是採取心行，而不立言語文字。

　　慧可跟隨達摩參禪悟道 6 年，後接受了達摩禪宗衣鉢，成為禪宗代表性人物之一。

　　僧副，俗姓工，太原祁縣人，精於禪定。受到達摩的教誨後，長期保持著生死隨緣的生活，其思想與達摩是一致的。

　　曇林又稱曇琳、法林。曇林曾編集師尊菩提達摩的《略辨大乘入道四行》，並撰序文。他博學善講，在鄴都常講《勝鬘經》。

　　尼總持原本是山西懷州王屋山飛雲嶺人，姓馮名新萍，是個獵戶的女兒。她與達摩的弟子道育關係匪淺。道育曾先後兩次救了馮新萍的性命，於是馮新萍決定與道育一同出家。

　　道育把馮新萍帶進了少林寺，同拜達摩為師。因馮新萍一貫學佛認真，嚴持戒律，達摩遂為其取法名為尼總持。

　　後來，道育同尼總持都被師尊達摩視為高足，他們精通禪學，是禪宗得道高僧，為後人所銘記。

## 【旁注】

- **南朝**：是東晉之後建立於南方的 4 個朝代的總稱。自 420 年東晉王朝滅亡之後，在南方先後出現了宋、齊、梁、陳 4 個朝代，存在的時間都相對較短，是中國歷史上朝代更迭較快的一段時間。在中國歷史上南朝與北魏、東魏、西魏、北齊、北周並稱南北朝。

- **剎帝利**：略稱「剎利」，意譯土田主，即國王、大臣等統御民眾、從事兵役的種族，所以也稱「王種」。與婆羅門、吠舍和首陀羅合稱為古印度四姓。其權勢頗大，階級僅次於婆羅門，乃王族、貴族、士族所屬之階級，係從事軍事、政治者。

- **婆羅門**：「婆羅門」一詞源於梵語「波拉乎曼」，原意是「祈禱」或「增大的東西」。婆羅門是祭司貴族，主要掌握神權，占卜禍福，壟斷文化和報導農時季節，在社會中地位是最高的。為了維護種姓制度，婆羅門僧侶宣揚，把人分為四個種姓完全是神的意志，是天經地義的。

- **梁朝**：中國歷史上南北朝時期南朝的第三個朝代。西元 502 年，梁王蕭衍正式在建康稱帝，史稱梁武帝，國號定為大梁。即位後屬行儉約，令南梁前期國勢頗盛。然而，武帝過於信奉佛教，曾三次出家為僧，又大建佛寺

及翻譯佛經，令佛教大盛，可是佛事太過損害經濟，令梁朝國勢開始衰弱。

· **刺史**：中國古代官職名。漢文帝以御史多失職，命丞相另派人員出刺各地，於是產生了刺史這一官職。「刺」，檢核問事之意。刺史巡行郡縣，漢時分全國為 13 州，各置部刺史一人，後通稱刺史。刺史制度是中國古代重要的地方監察制度，對於加強中央對地方的監督和控制，發揮了重要的作用。

· **梁武帝**（464 年～549 年）蕭衍，字叔達，小字練兒，江蘇省丹陽人。南北朝時期梁朝政權的建立者。父親蕭順之是齊高帝的族弟。梁武帝在位時間長達 48 年，在位時曾採取多種措施促進了佛教的發展。

· **少林寺**：漢傳佛教禪宗祖庭，因位於河南鄭州登封市少室山麓五乳峰下的茂密叢林之中而得名。少林寺創建於北魏太和年間的 495 年，是北魏孝文帝為了安置他所敬仰的印度高僧跋陀，而在嵩山少室山北麓敕建的。

· **《勝鬘經》**：佛教經典，屬如來藏系，全稱《勝鬘獅子吼一乘大方便方廣經》，一稱《獅子吼經》。此經為記述勝鬘夫人勸信佛法的說教，主要記述勝鬘夫人由父母遣使授書而見佛聞法生信，稱說如來功德，立十誓、發三大願等皈依受戒經過。

【閱讀連結】

據傳說，達摩和梁武帝對話後，梁武帝深感懊悔，得知達摩離去的消息後，馬上派人騎驛追趕。追到幕府山中段時，兩邊山峰突然閉合，一行人被夾在兩峰之間。達摩正走到江邊，看見有人趕來，就在江邊折了一根蘆葦投入江中，化作一葉扁舟，飄然過江。在江北長蘆寺停留後，又至定山如禪院駐錫，面壁修行。

達摩「一葦渡江」的傳說在明代時被做成石刻，後被考古工作者發現於定山寺遺址中。定山寺至今留有「達摩巖」、「宴坐石」、達摩畫像碑等遺蹟。定山寺成為禪宗重要叢林，被譽為「達摩第一道場」。

# 達摩祖師的禪法精要

達摩作為印度禪宗第二十八祖師，他所傳的教義精要簡明，充分顯示出印度大乘佛教的真面目。對於達摩的禪法，禪宗五祖弘忍的再傳弟子杜朏在《傳法寶紀》中曾說：

> 今人間或有文字稱《達摩論》者，蓋是當時學人隨自得語以為真論，書而寶之，亦多謬也。若夫超悟相承者，即得之於心，則無所容聲矣，何言語文字措其間哉！

這段話的大致意思是說：達摩是以心傳心，不立文字的，而所流傳的有關達摩禪的文字，是達摩的學人憑自己的理解記錄下來的，不能代表達摩的心傳。

儘管如此，有些文獻中還是留下了有關達摩禪的資料。敦煌本《楞伽師資記》就記載了曾受學於達摩的曇林所記的《略辨大乘人道四行及序》，較為詳細地介紹了達摩「二人四行」的「大乘安心」禪法，並稱「此四行是達摩禪師親說」。

此外，唐代學風較嚴謹的佛教史專家道宣撰《續高僧傳·菩提達摩傳》，也引用了「二人四行」的內容。故一般認為，這大致能代表菩提達摩的禪法。

達摩祖師東來中國時，中國佛教正處於由譯經進入研究的階段。佛教界偏重於教理的研討，疏忽對生命的解脫。達摩祖師針砭時弊，特地提出以心傳心，不立文字，見性成

佛，闡明佛教的本質不在經教言語，當以解脫人生為本務。

　　事實上，達摩的禪法淵源於佛陀釋迦牟尼。相傳，佛陀經常在摩揭陀國首都王舍城之東北側的靈鷲山上，聚集眾弟子演說佛法。有一次，經常前來聽聞佛陀說法的大梵天王，為了表示對佛陀的尊敬，同時也是為了能使眾生獲得大利益，他把一枝金色波羅花獻給了佛陀。

　　波羅是梵語音譯優波羅或優鉢羅的簡稱，是蓮花的一種。古代印度習俗，以蓮花代表純潔、高貴，因此，後來的佛教中常以蓮花代表佛法。

　　大梵天王隆重行禮之後退坐一旁。佛陀意態安詳，未發一言，拈過這枝金波羅花然後高高舉起，向與會大眾展示。

　　當時在座的諸佛弟子、諸護法天王及其他前來聽佛說法者，都對佛陀這一舉動不解。大家面面相覷，默默無語。唯有侍立於釋迦牟尼身邊，一直在用心聽他說法的大弟子摩訶迦葉心領神會，悟解了他的意思，便破顏微微一笑。

　　見此情形，佛陀已知摩訶迦葉能夠擔當護持佛法的大任，於是便向大眾宣布：「我有普照宇宙、包含萬有的精深佛法，能夠擺脫一切虛假表相修成正果，其中妙處難以言說。我不立文字，以心傳心，於教外別傳一宗，現在傳給摩訶迦葉。」說完，把平素所用的金縷袈裟和鉢盂授與摩訶迦葉。

　　佛陀在靈山會上拈花示眾，是有深刻含意的。他要弟子

們懂得掌握佛法，必須領會佛教的根本精神。這種根本精神，不是語言文字所能表達出來的，需要用「心」來感悟。

佛陀所傳的其實是一種至為祥和、寧靜、安閒、美妙的心境，這種心境純淨無染、淡然豁達、無慾無貪、坦然自得、不著形跡、超脫一切、不可動搖且與世長存，是一種「無相」、「涅槃」的最高的境界，只能感悟和領會，不能用言語表達。

摩訶迦葉領會了佛陀的這種思想精髓，而這種思想精神的感悟和領會就是禪。因此，佛陀把衣鉢傳給了他，而摩訶迦葉也就成了傳承禪宗的西土第一代祖師。

作為印度禪宗第二十八代祖師，達摩以 4 卷《楞伽經》和「二入四行」的理論作為禪宗宗旨和經典依據。

達摩認為，一切眾生同一佛性，為煩惱所障而不能顯，而只有《楞伽經》可以印心度世。《楞伽經》為佛說第一真實要義。它將禪分為 4 等，即凡夫所行禪、觀察義禪、念真如禪和諸佛如來禪。其中，凡夫所行禪為小乘禪，其餘為大乘禪，諸佛如來禪是諸禪的最高境界。

達摩告訴弟子：入道有多種，要而言之，不出二種：一是理入、二是行入。「理入」也稱壁觀或坐觀，即面壁靜坐，以達到舍偽歸真、無自無他的境界。相傳，達摩曾在少林寺面壁靜坐 9 年，終日默然。

理入是憑藉經教的啟示，深信眾生同一真如本性，但為世俗妄想所覆蓋，不能顯露，所以要舍妄歸真，修一種心如牆壁堅定不移的觀法，掃蕩一切差別相，與真如本性之理相符。

「入道」就是「心如牆壁」，徑直趨入菩提道。入道後就會「見道」。本著悟見的道去「修道」，就是「行入」。這種先悟後修，是後來禪宗頓悟漸修說的淵源。

達摩所說的「行入」，包括報怨行，即放棄一切反抗心理；隨緣行，即放棄辨別是非心理；無所求行，即放棄一切要求和願望；稱法行，即依照佛教教義去行動，這樣就可達到直指人心、見性成佛。

達摩還講「四行」。「四行」是指報怨行、隨緣行、無所求行、法行四種修行方式。這四種修行方式是緊密地聯繫在一起的，是所有修行方法的概括，即達摩所說的「行入四行萬行同攝」。

「二入」是心靈的方面的修習，而四行則是講行為方面的修習。「四行」與「二入」相輔相成，共同構成了達摩禪法的基礎。

達摩的理論和修持方式，給中國禪門吹進了一股清新之風。它不同於此前的「依教悟心禪」以經典修習禪法，因此具有劃時代的開拓意義。達摩作為中國禪宗的初創者，在禪宗歷史上有著崇高的地位。

## 【旁注】

- **大乘佛教**：古代，用馬車來比喻國家，大乘與小乘即大國與小國的區分。大乘佛教略稱「大乘」，梵文音譯「摩訶衍那」、「摩訶衍」等。詞彙出於大唐。中國佛教的大乘佛教則專指漢傳佛教，並與南傳、藏傳組成的三大語系。清代把漢文翻譯成其它文字的經典統稱為大乘佛教，編入《大藏經》。

- **大梵天王**：印度神話中世界萬物的創造者。因為他善惡不分，所以既是世間萬物的創造者，也是魔鬼、災難的製造者。他高興的時候，世間安穩，萬物興盛；他憤怒的時候，世間不安，災難橫生，眾生苦惱，連草木也不能倖免。

- **表相**：事物的外形和狀態。佛教認為：一切事物都是在一定因緣條件下形成的，都是空幻無實的；空是一切事物的本質，雖然體現於具體的萬物，然而它本身卻是沒有形象、沒有聚散生滅、超越於一切萬有之上的，難以用文字來表達。

- **涅槃**：佛教用語，又譯為般涅槃、涅磐、波利昵縛男、泥洹等，意譯為圓寂、滅度、寂滅、無為、解脫、自在、安樂、不生不滅等。最早來自於古印度婆羅門教，指清涼寂靜，惱煩不現，眾苦永寂，具有不生不滅、不垢不淨、不增不減的極高境界，意即成佛。

· 《**楞伽經**》：禪宗重要經卷，全稱《楞伽阿跋多羅寶經》，亦稱《入楞伽經》、《大乘入楞伽經》。其譯名分別出自南朝宋時 443 年的求那跋陀羅、北魏的菩提流支、唐代於闐僧人實叉難陀。各譯為 4 卷本、10 卷本、7 卷本。由於求那跋陀羅的譯本最早，更接近本經的原始義，因此流傳廣、影響大。

· **頓悟漸修**：佛家用語。頓悟是對於一件事或者一個道理因為某個因素或者原因突然領悟，即有醍醐灌頂功效，豁然開朗，頓悟需要的是特定的環境和因素。漸修則不同，如靜坐參禪，經過內心空靈狀態下長時間的思考而領悟。

【閱讀連結】

自以古來作為達摩學說而傳的許多著述之中，只有「二入四行說」似乎是達摩真正思想所在。對於現在流傳下來的達摩《略辨大乘入道四行》，唐僧人淨覺說：「此《四行》是達摩禪師親說，余則弟子曇林記師言行。」

曇林是達摩弟子，與慧為同門。達摩為慧可、道育傳授「大乘安心之法」時，曇林負責記錄下來，這便是《略辨大乘入道四行》。據曇林的序文說，他把達摩的言行集成一卷，名為《達摩論》。而達摩為坐禪眾撰《釋楞伽要義》一卷，亦名為《達摩論》。這兩論文理圓淨，當時流行很廣。

# 慧可承上啟下受衣鉢

那還是達摩祖師在嵩山少林寺開宗立派之初，洛陽有個博學曠達，且有一定佛學根基的僧人叫神光。

神光俗姓姬，虎牢人，虎牢位於今河南成皋縣西北。神光其父名寂，在慧可出生之前，每每擔心無子，於是便天天祈求諸佛菩薩保佑，希望能生個兒子，繼承祖業。

就這樣虔誠地祈禱了一段時間，終於不久慧可的母親便懷孕了。為了感念佛恩，慧可出生後，父母便給他起名為「光」。

姬光自幼志氣不凡，博聞強記，廣涉儒學，對《莊子》、《易經》都十分精熟。他喜歡談論玄妙的道理，後來接觸了佛典，被佛典中蘊含的義理所打動，於是決定出家探尋人生的真理。

姬光的父母見其志氣不可改移，便允許他出家。於是，他便來到洛陽龍門香山出了家，並改名神光。此後，他遍遊各地佛學講堂，了解並悉心研習大小乘佛教的教義。經過多年的學習，神光雖然對經教有了充分的認識，但是個人的生死大事對他來說，仍然是個難解之謎。

神光在 32 歲那年，放棄了過去那種單純追求文字知見的做法，回到洛陽龍門香山，開始實修。他每天從早到晚都在打坐，希望能夠借禪定的力量解決生死問題。

這樣過了 8 年。有一天，在禪定中，他朦朦朧朧中好像
聽到有人跟他說：「如想證得聖果，不要執著於枯坐，大道離
你不遠，你可往南方去！」

就在苦惱沒有答案之際，神光聽說有個叫達摩的天竺僧
人在河南嵩山少林寺弘傳佛法，風範尊嚴，於是便來到少
室山少林寺，早晚參見達摩，恭候在旁，以求獲得真知和
教誨。

開始時，達摩祖師只是面壁打坐，根本不理睬他，更談
不上有什麼教誨。但是，神光並不氣餒，反而愈發恭敬和虔
誠。他用古時的大德為法忘軀的精神激勵自己：「昔人求道，
敲骨取髓，刺血濟饑，布髮掩泥，投崖飼虎。古尚若此，我
又何人？」就這樣，他每天從早至晚，一直待在達摩面壁的
洞穴外，絲毫不敢懈怠。

有一年臘月初九的晚上，天氣陡然變冷，寒風刺骨，下
起了鵝毛大雪。神光依舊如每天那樣站在洞外，一動也不
動。天快亮的時候，積雪居然沒過了他的膝蓋。

這時，達摩祖師才慢慢地回過頭來，看了他一眼，心生
憐憫，問道：「你在雪中站這麼久，要求何事？」

神光流著眼淚虔誠地說：「希望和尚慈悲，開甘露門，廣
度群品。」大意是希望師尊教我如來之法，好讓我教化芸芸
眾生。

達摩祖師道：「諸佛所開示的無上妙道，必須累劫精進勤苦地修行，行常人所不能行，忍常人所不能忍，方可證得。豈能是小德小智、輕心慢心的人所能證得？若以小德小智、輕心慢心來希求一乘大法，只能是痴人說夢，徒自勤苦，不會有結果的。」

聽了達摩充滿禪機的話，神光已然明白其中涵義。為了表達自己求法的殷重心和決心，他暗中拿起鋒利的刀子，「咔嚓」一下砍斷了自己的左臂，頓時，鮮血殷紅了雪地。神光卻全然不理會，他面不改色地把斷臂放在達摩的面前。

達摩祖師被神光的虔誠舉動所感動，於是就說：「諸佛最初求道的時候，都是不惜生命，為法忘軀。而今你為了求法，在我跟前，也傚法諸佛，砍斷自己的手臂，有此至誠之心，求法之事有何不可呢？」於是，達摩祖師將神光收為門人，並將他的名字改為慧可。

就在這個風雪之夜，剛剛成為達摩弟子的慧可就迫不及待地問師尊達摩：「佛法的道理，您能講給我聽嗎？」

達摩說：「諸佛法印，非從人得。」意思是你不能從別人那兒求得佛法。

慧可心中茫然，便說：「我的心不安寧，那就請師為我安心吧。」

達摩答道：「當你感覺到不安的時候，那個不安早就過去

了。可是你還要拚命地去找這個不安，去找一個方法來去除這種內心的不安。」

慧可沉思良久，答道：「我尋找我的心，然而我找不到。」

達摩答道：「我已經為你安定了心境。」

慧可當即豁然大悟，明白了只有斷除妄想，徹底無心，才能無牽無掛，脫體無依，也只有如此，才是解脫之道。

慧可開悟後，繼續留在達摩祖師的身邊侍奉，時間長達6年之久。

達摩在去世之前，召集弟子們說：「我的壽命快到了。死之前，我想證實一下你們的禪法修為到底如何，請你們將自己所悟到的說給我聽聽吧。」

聽到達摩的命令，道副首先站起來說：「我們應該不執著文字，也不捨棄文字，而是應該把文字當作求道的工具。這是我悟到的，老師以為如何？」

達摩怒聲說：「你只得到了我的皮。」

尼總持一見道副不行，連忙站起來說：「依我所了解的，就像慶喜看到了阿佛國，一見之後便再也見不著了。」

達摩又厲聲說：「你只得到了我的肉。」

道育隨後起來說：「地、水、火、風本來是空的，眼、耳、鼻、舌、根也非實有，整個世界無一法可得。」

達摩回答：「你只得到了我的骨。」

最後輪到慧可，只見他站起身來，向菩提達摩三拜行禮，然後便站著不動了。達摩哈哈大笑，說：「你已得到了我的髓。」於是，慧可便成為禪宗的二祖，接替達摩進行傳法的工作。

其實，禪宗推崇的境界是一種無差別的境界。道副雖然口口聲聲說要不執文字、不棄文字，表面上似乎超越了語言的差別，而其內心中卻還存在著文字差別，否則他也就不用把那種不執不棄的想法表達出來了。所以達摩給他的評語是只得到皮，不過是剛入禪法之大門而已，離真正開悟的境界還遠得很呢！

尼總持雖然超越了語言文字的差別，但又墮入有與無、見與不見的對立之中。如其心中超越了有與無、見與不見，那便沒有什麼慶喜與阿佛國，也沒有什麼一見之後便不再見的差別了。所以達摩給她的評語是只得到肉。

道育所說的已是佛法的基本道理。認識到世間無一法可得，一切皆假而不實，精神上自然可以超越差別與對立。但禪宗的精神不只是體現在認識的飛躍之上就算完了，更重要的是要知行合一，要把那種超越認識與實際生活結合起來，把精神融於生活之中。道育的認識已超越了，認識到了佛法的真理，但其行為卻還滯澀難通，還是要說、要做、要想，所以達摩說他只得到了骨。

慧可則不說不動，己身與意合，超越了認識與行為之間的差別，與禪合一了。所以，他便得到了菩提達摩的髓。

這個故事的含義表達了達摩的禪意：要超越一切差別，而更關鍵的是，這種超越不能只停留在認識的層次上。超越認識與行為的差別，那才是禪所追求的最高境界。

經過這次考問，達摩祖師在依法授衣時對慧可說：「我有《楞伽經》四卷交付給你，這是通達如來佛大覺圓滿之心的要門。我觀漢地，唯有此經，仁者依行，自得度世。望你弘傳，開悟眾生。」

於是，慧可承受大法並接受袈裟，繼承了達摩祖師的衣鉢，然後就在黃河近邊一帶韜光晦跡，隱居不出。由於早年間已名馳京師，因此前往問道的人絡繹不絕，慧可隨時為眾開示心要，因而聲譽越來越響亮。

慧可的禪學思想直承達摩，特別是達摩傳授他的 4 卷《楞伽經》，重視念慧，而不在語言。此經的主旨是以「忘語忘念，無得正觀」為宗。這個思想，經過慧可的整理發展，對後世禪宗有很大的影響。

達摩的壁觀禪法，是以理入和行入為入道途徑的。「理入」即「壁觀」；「行入」指萬行同攝的「四行」。「四行」著重於勸人在日常生活中去除一切愛憎情慾，嚴格按照佛教教義苦下功夫。

「理入」屬於宗教理論，「行入」屬於宗教實踐，即禪法的理論和實踐相結合。慧可繼承了達摩的這個思想，指出眾生與佛無差別的義理，直顯達摩正傳的心法。

達摩所傳的安心禪法，成了慧可畢生心血所繫。自此慧可獨立弘法以來，他便一心一意地弘傳安心禪法。雖然當時被認為是「魔說」，但絲毫沒有影響慧可弘傳此法。

達摩「理入」的根本意義在於深信一切眾生具有同一真性，如能捨妄歸真，就是凡聖等一的境界。慧可繼承這個思想，指出生佛無差別的義理，直顯達摩正傳的心法。

慧可的禪法思想源於《楞伽經》，但他卻對其中的一些「專附義埋」作了許多自由的解釋，因此將佛法向前推進了一步。

慧可曾用詩句來表達他的禪學見解，他答一居士的函問說：

本迷摩尼謂瓦礫，豁然自覺是真珠。
無明智慧等無異，當知萬法即真如。
觀身與佛不差別，何須更覓彼無餘？

從中可見，在慧可看來，萬法一如，眾生與佛不二。慧可承襲了達摩「理入」之旨，悟此身與佛並無差別，即身是佛，可謂得到了達摩的真傳。

慧可在禪宗地位十分重要，為達摩後中華禪傳人第一

人，是公認的禪宗的二祖，為中國禪真正的實踐者。也可以這樣說，慧可雖不是中國禪宗的開山，但慧可把印度佛法教義與中國的國情相結合，使佛教徹底的中國化，成為適合中國士大夫與百姓口味的中國佛教，這是慧可對中國文化最偉大的貢獻。

## 【旁注】

· **嵩山**：道教主流全真派聖地，古名為外方、嵩高、崇高，位於河南西部，是「五嶽」中的中嶽，由太室山與少室山組成，最高峰連天峰 1,512 公尺。嵩山地處中原腹地，東西橫臥。歷史上，嵩山曾有 30 多位皇帝、150 多位著名文人親臨。

· **臘月**：指農曆十二月，古時候也稱「臘月」。這種稱謂與自然季候並沒太多的關係，主要是以歲時的祭祀有關。所謂「臘」，本為歲終的祭名。不論是打獵後以禽獸祭祖，還是因新舊之交而祀神靈，反正都是要搞祭祀活動，所以臘月是個「祭祀之月」。

· **法印**：道教與佛教術語。在佛教中，法印是佛教徒用以鑑別佛法真偽的標準。又譯法本、本末、憂檀那等。法指佛法，印喻能印證真偽的佛法之印。凡符合法印的為佛法，不符合的為非佛法。道教法印面上刻著具有道教含義的文字。

- **袈裟**：漢語意譯蓮服、袈裟野、迦邏沙曳、迦沙、加沙
  等，梵語意譯作壞色、不正色、赤色、染色，指纏縛於
  僧眾身上的法衣，以其色不正而稱名。袈裟具有杜防法
  衣他用及避免他人盜取等功用。
- **黃河**：中國北部大河，世界第五大長河，中國第二長河，
  同時也是華夏民族的母親河，人類文明的發源地之一，
  全長約 5,464 公里，流域面積約 752,443 平方公里。
  黃河發源於青海青藏高原的巴顏喀拉山脈北麓約古宗列
  盆地的瑪曲，自西向東分別流經青海、四川、甘肅、寧
  夏、內蒙古、陝西、山西、河南及山東 9 個地區，最後
  流入渤海。
- **函問**：一是指書信。清學者薛福成的《庸盦筆記·曾文正
  公輓聯》：「蓋左公始為文正所薦舉，中間以事相齟齬，
  不通函問者已九年矣。」這裡的函問即指書信。二是用
  通信的方式向對方詢問。這是由第一種原意引申而來的。

【閱讀連結】

據河北省《成安縣誌》客籍人物篇載：慧可在 107
歲的高齡時，於隋開皇年間的 593 年來成安講經傳
法，為此特在匡教寺前修築了兩丈多高的說法台。
因慧可所講的禪理非常好，四面八方的老幼聽者甚
眾，匡教寺的和尚也聽得入了迷。

慧可說法甚大，這一來惹惱了這裡嫉賢妒能的法師辨和，他便到縣衙誹謗慧可散佈異端邪說，要縣裡治罪。知縣翟仲侃聽信了辨和誣告，對慧可加以非法，將其迫害致死，屍體投入漳河。民間傳說，慧可從水裡漂出，盤腿打坐，雙目微閉，安詳如生，逆流而上十八里到蘆村以北，被葬在那裡。唐代時，在此修元符寺，並建二祖靈骨塔，以示紀念。這裡形成的村落也稱為二祖村。

# 一脈相傳 —— 禪宗傳承

　　中國禪宗從初祖菩提達摩開始，歷經二祖慧可、三祖僧璨、四祖道信、五祖弘忍、六祖慧能，一脈相傳，經過歷代禪師們的發揚光大，很快使禪宗發展成為中國佛教的主要宗派之一。

　　這六代禪宗衣鉢傳承，每一代禪宗傳承都具有那個時代的特色，衣鉢傳人也都將自己的理解、感悟和創新融進禪法裡去，這就使得禪宗在中國不斷衍變，不斷發展，直至六祖慧能開創直指人心、頓悟成佛的南宗禪，中國佛教禪宗最終得以正式確立。

# 僧璨受法成禪宗三祖

534 年，慧可禪師來到東魏的鄴都，即今河南安陽，大弘禪法。在安陽弘禪法時，當時有些不理解他學說的學者以及固守經文的僧徒，因而引起爭辯爭辯。

有個叫道恆的出家人就指斥慧可所說法要是「魔語」，他派遣上座弟子向慧可質難。然而雙方辯論的結果卻是道恆的那個弟子聽慧可說法後，竟心悅誠服地倒向慧可，這就使道恆更加不滿。後來，他賄賂官吏，企圖暗害慧可。

為了免於迫害，慧可離開鄴都，流離到今河南安陽、汲縣之間。後來慧可又和同門曇林南下隱居於舒州，即今安徽潛山縣內皖公山。

此後不久，慧可又攜始祖達摩所傳袈裟和 4 卷《楞伽經》，來到安徽安慶司空山，掘石窟而修禪。

576 年，有一個年已不惑的居士來到司空山禮拜慧可。他對慧可說：「弟子身纏疾病，請和尚為我懺悔罪孽。」

慧可說：「拿罪孽來，我替你懺悔。」

這個居士考慮了一會兒，說：「我覓求罪孽而不可得。」

慧可說：「我已經為你懺悔完了，你當歸依佛法僧三寶。」

居士說：「今天見到和尚，知道僧是什麼了，但還不知道什麼是佛，什麼是法。」

慧可說：「是心是佛，是心是法，佛、法無二。」

居士沉思一會兒，然後說：「我今天明白了，罪孽不在內，而在外，不在中間，這就正如人的本心一樣。」

這位居士的罪孽本空的思想，成為後來禪家最為樂道的一種說法。這個居士能有這樣的見地，說明其很有慧根。慧可聽了他的回答，非常欣喜，並當即為他剃髮，收他為弟子，賜名僧璨，並說道：「是吾寶也。宜名僧璨。」

576 年陽春三月，僧璨前往光福寺受了具足戒。僧璨為了感謝師尊為他懺罪的深恩厚德，就放下身心，侍奉師尊慧可達兩年之久。

有一天，慧可告訴僧璨：「菩提達摩遠自天竺來到此土，以正法眼藏及證信之物密付於吾，吾今授汝。汝當守護，無令斷絕。」說完他把正法眼藏與衣鉢傳給了僧璨，並叮囑，「你當隱居深山，不可行化，避開國難。望你善去善行，等待時機，依法授人。」

僧璨禪師道：「師既預知，願垂示誨。」這樣僧璨成為了禪宗衣鉢傳人，即禪宗第三祖。

慧可在將衣鉢傳給弟子僧璨後，便離去了。

在慧可離去後，僧璨禪師謹遵師旨，沒有急於出來大肆弘揚祖師禪法，而是韜光養晦，往來於司空山和皖公山之間，過著一種隱修的生活，長達 10 餘年。在這期間，僧璨禪師只有道信一個弟子。

僧璨雖然沒有公開弘揚祖師禪法，但是他撰寫的《信心銘》卻對後世禪宗的發展，產生了極為深遠的影響。這篇短短的文字，是僧璨當年的所悟所證，更重要的是，它可以幫助門人更好地樹立起修習祖師禪法的正知正見。

《信心銘》是 440 字的偈語，詮釋達摩理入稱法之旨，至為深切。《信心銘》雖然文字不多，但可以說是字字珠璣，對禪修者來說，極富指導意義。

僧璨秉承達摩祖師的思想，堅持佛和身不二，佛性和人心是合一的。一心論是僧璨禪學的中心，他在《信心銘》說：

> 一心不生，萬法無咎；無咎無法，不生不心。能由境滅，境逐能沉；境由能境，能由境能。欲知兩段，無是一空；一空同兩，齊含萬象。

僧璨禪師的這段論說，概括了禪的崇高境界，就禪的崇高境界說，與《莊子·齊物論》的思想是相通的。

《信心銘》是禪宗的法典，也是中國禪宗修學指導的原則，雖然是在禪宗指導原則，實際上在大乘佛法的修學，無論是哪一宗哪一派或者是佛家常講的八萬四千法門，門門要想成就，都不能夠違背這個原則。

僧璨禪師以《信心銘》，上承達摩、慧可，下傳道信、弘忍，對於禪宗的建立、發展起了承前啟後的重要作用。

## 【旁注】

· **東魏**（534 年～ 550 年）南北朝時期北朝政權之一，是
  從北魏分裂出來的割據政權。都城鄴，今河北臨漳縣
  西，河南安陽市北。轄區有今河南汝南、江蘇徐州以
  北，河南洛陽以東的原北魏統治的東部地區。東魏歷一
  帝，約 17 年。

· **上座**：又稱長老、上臘、尚座、首座、上首，指僧眾中
  出家年數較多之人，或指年歲高者，有時亦為對僧人的
  尊稱。在佛教中，先出家受具足戒者為上座，後出家者
  應對他們表示尊敬。中國禪林僧眾中的居首座者。上座
  者應先受請、先坐、先取水、先受食。

· **居士**：既指舊時出家人對在家信道信佛的人的泛稱，亦
  指古代有德才而隱居不仕或未仕的隱士，同時，還是文
  人雅士的自稱，如李白自稱青蓮居士，蘇軾自稱東坡居
  士，等等。在佛教中，一位名副其實的居士，便該是一
  位大乘的菩薩，或者他是名副其實的得道高人、隱士。

· **具足戒**：又稱近具戒、大戒，略稱具戒。為比丘、比丘
  尼所應受持的戒律，因與沙彌或尼姑所受十戒相比，戒
  品具足，故稱具足戒。具足戒的內容，南北傳佛教所傳
  的戒本各異，按照中國唐以後最盛行的《四分律》，比丘
  戒有 256 條，比丘尼戒有 348 條。

- **正法眼藏**：佛教語，禪宗用來指全體佛法。朗照宇宙謂眼，包含萬有謂藏。相傳釋迦牟尼在靈山法會以正法眼藏付與大弟子迦葉，是為禪宗初祖，為佛教以「心傳心」授法的開始。

- **皖公山**：安徽境內名山，位於安徽潛山縣境內，又叫天柱山。西周時期曾立皖國。漢武帝元封五年，即西元前106年南巡，登祭皖山，封號「南嶽」，皖山由此聲名大噪。安徽省簡稱「皖」就由此而來。

- **《齊物論》**：戰國時期道家代表人物莊子的一代表篇目。「齊物論」包含齊物與齊論兩個意思。莊子認為：世界萬物包括人的品性和感情，看起來是千差萬別，歸根結底卻又是齊一的，這就是「齊物」；人們的各種看法和觀點，看起來也是千差萬別的，但世間萬物既是齊一的，這就是「齊論」。

【閱讀連結】

在二祖慧可傳僧粲禪宗衣鉢時，正值北朝動亂期間。當時南朝和北朝環境不同，在南方，各學派充分發展，百家爭鳴。佛教、儒學、道教相互抗衡，而在北方，爭論涉及華夷之辯，在少數民族統治的北朝，宗教之爭就含有了政治意義，於是，支持佛教、反對佛教的運動貫穿了這一期間，這也就是慧

叮所說的「國難」。

北朝這一亂局，直到隋王朝統一南北後才得以改變。由於隋文帝楊堅自幼在寺廟長大，做皇帝後，深信自己得到佛祖的保佑，因此大力提倡佛學，佛教遂開始了恢弘的階段，三祖僧粲也於這個時候開始大力弘法。

# 四祖道信的弘法禪修

隋文帝楊堅建立隋王朝之初，開始致力於佛教的推廣，採取了度僧、建寺、造像、寫經等一系列大規模地復興佛教的措施。

在這樣的形勢下，禪宗三祖僧璨廣為四眾宣傳《楞伽經》教義，名聲在外，人們奔趨禮拜。此時，有一個年方 14 歲名叫道信的沙彌，前來禮謁僧璨大師。

道信俗姓司馬，生於今湖北省武穴市梅川鎮。年少聰慧，自幼即對大乘空宗諸解脫法門非常感興趣。7 歲時即皈依了佛門，法名道信。

道信的剃度師戒行不清淨，道信曾多次勸諫，但是對方卻聽不進。道信只好潔身自好，私下持守齋戒，時間長達 5 年之久。

　　後來，道信聽說舒州皖公山有兩個名僧在隱修，便前往皈依。原來這兩僧就是著名的禪宗三祖僧璨和他的同門曇林。

　　禮拜過三祖僧璨後，道信便問：「願和尚慈悲，乞與解脫法門。」

　　僧璨反問道：「是誰捆綁了你？」

　　道信道：「沒人捆綁我。」

　　僧璨道：「既無人捆綁，何求解脫乎？」

　　道信聞言，當下大悟。原來，自己所感到的束縛不在外面，而在內心。束縛完全來自於自心的顛倒妄想，如果看破了這些妄想，知道它們來無所來，去無所去，即不再會被它們所束。如果內心不解脫，到哪兒都不會自在的。因此，解脫在心，不在外。於是，道信在皖公山拜僧璨為師，侍奉左右。

　　道信拜僧璨為師後，跟隨僧璨學習禪法，這一學就是10年。在此期間，僧璨不時地點撥道信，並不斷地加以錘鍊，直到有一天，僧璨感到道信已經堪能大任，才把禪宗法衣傳給他。道信由此成為禪宗四祖。

　　在這期間，三祖僧璨不時地點撥道信，並不斷地加以鉗錘，直到因緣成熟，才肯把法衣託付給他。付法的時候，三祖說了一首偈子：

華種雖因地，從地種華生。

若無人下種，華地盡無生。

然後，僧璨語重心長地對道信說：「當年慧可大師傳法給我之後，行遊教化，長達 30 年，一直至入滅。如今，我已經找到了你這個繼承祖業的人，為什麼不去廣行教化而要滯留在這裡呢？」僧璨講完這些話，便離開了皖公山，南下羅浮山弘法。

道信當然非常希望能隨師前往，繼續侍奉祖師僧璨，但是沒有得到祖師的同意。祖師告訴他：「你就住在這裡吧！不要跟我走了，將來要大弘佛法。」

僧璨走後，道信繼續留在皖公山，日夜精勤用功。在皖公山居住了一段時間之後，道信覺得弘法的時機已經來到，於是也離開此地，四處遊化弘法。

隋大業年間，道信在吉州，即今江西吉安地區正式出家為僧。隋末，戰爭頻繁，天下大亂，道信禪師應道俗信眾的邀請，離開了吉州，來到江州即江西九江，住在廬山大林寺。

至唐初武德年間，道信又應湖北蘄州道俗信眾的邀請，來到江北弘法，不久在黃梅縣西的雙峰山造寺駐錫傳禪。

在雙峰山寺院，道信禪師一住就是 30 多年，期間道場興盛，法音遠布，「諸州學道，無遠不至」，門徒最盛時多達500 餘人。

　　當時的蘄州刺史崔義玄，聞道信禪師之名也前來瞻禮。此外，還有新羅即今韓國的沙門法朗從其受心要。法朗歸國後，於胡踞上傳法，使中國禪學得以弘傳。

　　道信在雙峰山擇地開居，營宇立像，傳揚佛法，對禪宗的形成和發展有著重要作用。一般說來，要形成一個佛教宗派，除了要有宗主和獨成體系的教義外，還必須有一定規模的徒眾團體。道信之前，由於「遊化為務」無法形成這樣的僧眾團體，只有在道信定居雙峰山後，才形成這樣的僧團，因而才開始具備一個宗派的基本條件。

　　唐貞觀年間，唐太宗李世民皇帝非常仰慕道信禪師的德風，想一睹禪師的風采，於是下詔令四祖道信赴京。但道信以年邁多疾為由，上表婉言謝絕。這樣前後反覆 3 次。

　　唐太宗在第四次下詔時命令使者說：「如果再不來，即取首級來見朕。」使者來到山門宣讀了聖旨，沒想到道信引頸就刃，神色儼然。

　　使者非常驚異，不敢動刀，便匆匆回到了京城，向唐太宗報告了實情。唐太宗皇帝聽了，對祖師愈加欽慕，並賜以珍繒，嘉許大師的人品和志趣。

　　道信的思想以「一行三昧」為中心，以守自心為方法，透過漸修頓悟的方式體悟空無，這是道信禪法的特色。他十分強調般若學的一切皆空，他要達到的禪境是安心。安心非

謂心不動，是指住心、宅心。他主張修禪者要攝心、止心，從而達到任運的境界，即任其自然的行為、生活。

在具體的修行方法上，道信是講方便法門的，他主張先要行懺悔，端坐不動，念諸法實相，除去障礙妄想。在此基礎上，進行念佛，以進一步去除執心，唸唸不斷，最後忽然而得到澄明解脫。

道信主張「佛即是心，心外無別佛」，把念佛與念心同一起來。念佛用「一行三昧」法，念心是觀心、守心。

道信所說的念佛並不是往生西方，念西方的佛，而是念自心之佛，因為佛在自心中，離開自心就沒有別的佛。這一看法把達摩以來的心性論，進一步突出為佛性論，突出了眾生與佛性的關係。道信把這種念佛稱為安心，他提出了五事方便來實現安心法門。

第一，心即是佛，佛即是心。諸佛法身，入一切眾生心想，是心是佛，是心作佛。當知佛即是心，心外無佛。

第二，染淨為二，去染復淨。「染」的指愛著之念及所愛著之法。「淨」指解脫之念及所解脫之法。在道信看來，人的根性是不同的，因此，方便法門也應該有所不同。道信的方便法門就是針對不同根性的學人而設的。

第三，修一行三昧。一行即一相，就是行住坐臥，任何的狀況，都保持實相的、智慧的心。「三昧」又稱「正定」，

這個定，是有智慧的定，是真正解脫的定，不是外道的強迫，壓抑的定。

「一行三昧」，就是無論行住坐臥，都保持一個虛空的心，保持一顆寬容的心，不離一顆菩提心，在道信看來，念佛即是心念，又是實相念。一行三昧即是唯心念佛和實相念佛的結合。

第四，入道安心要方便。禪的具體修法有淺深層次不同。道信首次明確地提到漸修漸悟的形式和具體方法。

第五，講究空。他拋開 4 卷本禪宗《楞伽經》，而把《金剛經》作為自己禪法的理論根據。強調「修道得真空者，不見空與不空，無有諸見」的實相義理。

道信以前的幾代禪師，在傳法方式上均以「遊化為務」，就是不在一個固定地方弘法傳教。他們隨緣而住，「不恆其所」，「行無軌跡，動無彰記」，「隨其所止，誨以禪教」。

道信改變「遊化為務」的傳統，採取定居傳法的方式。這一傳法方式的改變，對禪宗的形成和發展有著重要作用。

## 【旁注】

· **楊堅**（541 年～604 年）陝西華陰人。隋王朝開國皇帝。在位期間，成功地統一了嚴重分裂數百年的國家，開創先進的選官制度，發展文化經濟看，使得中國成為盛世

之國。隋文帝是西方人眼中最偉大的中國皇帝之一，被尊為「聖人可汗」。

· **齋戒**：包含齋和戒兩個方面。「齋」來源於「齊」，主要是「整齊」，如沐浴更衣、不飲酒，不吃葷。「戒」主要是指戒遊樂，比如減少娛樂活動。後以此指稱相似的宗教禮儀。在佛教中，清除心的不淨叫做「齋」，禁止身的過非叫做「戒」。

· **法衣**：道教與佛教的法事專用服飾。佛教制度允許出家僧人為養活自身可以持有如法合度的衣服，包括重複衣、上衣、下衣等 13 種服飾，並根據不同的時間和場合穿用。法衣的原料以及顏色也是有選擇的。凡僧尼所穿的被認為不違背戒律、佛法的衣服，皆可稱為法衣。

· **大林寺**：廬山「三大名寺」之一。為 4 世紀僧人曇詵所創建，位於大林峰上，所以叫大林寺。「人間四月芳菲盡，山寺桃花始盛開。長恨春歸無覓處，不知轉入此中來。」這是唐代詩人白居易登廬山，時值大林寺桃花正妍，於是即興賦詩一首。

· **駐錫**：僧人的駐處。僧人常以錫杖自隨，故稱僧人住處為駐錫。這裡「駐」即車馬停住，或止住停留之意。「錫」是指僧人所用錫杖。錫杖為比丘所持十八物之一，上端有金屬所作之鐶，振盪時則發出聲音。

- **唐太宗**（598 年～ 649 年）李世民，祖籍隴西成紀，今甘肅天水，是唐高祖李淵的次子，唐王朝第二位皇帝。在位期間，積極聽取群臣的意見，以文治天下，並開疆拓土，虛心納諫，在國內厲行節約，並使百姓能夠休養生息，終於使得社會出現了國泰民安的局面，開創了歷史上著名的「貞觀之治」。

- **般若學**：關於佛教義理的一門學問，它主要依據《般若經》而成立。「般若」譯為「智慧」。般若不是一般的智慧，是從深刻地體驗真理所得到的特殊的智慧，是究竟的、完滿的，佛教稱之為勝義智或實相智，也就是通常說的中道覺慧。

- **根性**：佛教用語，佛家認為氣力之本稱為根，善惡之習稱為性。人性有生善惡作業之力，故稱「根性」，通常指強大的精神力和意志力。佛家所謂「八萬四千法門」，就是根據眾生不同的根性而分別設立的。佛門主張觀人的根性而「對機說法」，做到有的放矢。

- **《金剛經》**：佛教經典，全稱《能斷金剛般若波羅蜜經》，又稱《金剛般若波羅蜜經》，簡稱《金剛經》。此經最早由鳩摩羅什於 402 年譯出。《金剛經》是禪宗重要的經典，為禪宗所倚重。《金剛經》有藏文、滿文、英文等多種譯本。

【閱讀連結】

在中國禪宗四祖道信的誕生地湖北省武穴市梅川鎮，有一口古井，井水冬暖夏涼，清冽甘甜，史稱「浴佛井」。此井內圓外方，一塊正六邊形的青石井圈覆蓋井口上，井壁上端由一圈花崗石鑲嵌而成。井圈每個角和邊都刻有一朵荷花瓣，雕刻精細，形態逼真，宛如 12 朵盛開的蓮花。井口北側立有一塊石碑，上鐫明代萬曆年間所書「浴佛井」3 個大字，蒼勁渾厚。

「浴佛井」的得名源於道信。歷史上曾先後稱為永寧縣、廣濟縣的湖北省武穴市，因佛事興盛，素有「佛國」之稱。據《廣濟縣地名志》載：相傳北周大象初年，東土禪宗四祖司馬道信出生時，其父司馬申為其沐浴，故稱「浴佛井」。

# 五祖弘忍創東山法門

禪宗四祖道信在雙峰山傳禪時，在 500 多門徒中有一個叫弘忍的弟子，深得道信的認可和讚賞。

弘忍，俗姓周，其祖籍潯陽，即今江西九江。後遷居蘄州黃梅，即今湖北黃梅。

關於弘忍拜道信為師，有記載說：有一天，道信前往黃梅縣，路上遇到一個小孩，見其骨相奇秀，不覺驚嘆此兒不是凡童，於是問他：「你姓什麼？」

小孩回答說：「性即有，不是常性。」

道信又問：「是何姓？」

小孩回答說：「是佛性。」

道信說：「你沒有姓啊？」

小孩說：「姓空，所以沒有。」

道信更加認定了眼前這孩童定非凡人，於是派人跟隨他回家，徵求他家長的意見，能否讓他出家做自己的弟子。孩童的家長欣然同意。

就這樣，道信將這個孩童帶到雙峰山道場，並將其收為弟子，賜名弘忍。到了弘忍 13 歲的時候，正式剃度為沙彌。

弘忍生性勤勉，白天勞動，晚間習禪，通宵達旦，精進修行，經年累月，不曾懈怠。在 30 多年中，道信經常給他開示頓悟之旨，不斷地隨機錘鍊，使他的修行快速提升。

剛開始時，弘忍經常遭受同門的欺負和凌辱，但弘忍從不爭辯，反抗，泰然處之。《楞伽師資記》中講弘忍：

> 住度弘愍，懷抱貞純。緘口於是非之場，融心於色空之境。役力以申供養，法侶資其足焉。調心唯務渾儀，師獨明其觀照。四儀皆是道場，三業咸為佛事。蓋靜亂之無二，乃語默之恆一。

這段話大意是說，弘忍心量寬宏，慈悲仁愍，純潔無暇，不談人是非，在日常生活中，心心在道，行住坐臥，起心動念，無時無處不在覺照當中，而且經常幹苦活重活兒，甘為大眾服務。

弘忍的人品、精進和悟性，使他漸漸地成為同道們的學習楷模。道信禪師尚在世的時候，就有很多人從四面八方慕名而來，親近弘忍禪師，所謂「四方請益」，「月逾千計」。這一點令道信禪師非常高興。

為了錘鍊弘忍，道信常常測試弘忍，而弘忍則能夠「聞言察理，解事忘情」。道信知其為根性很高，就把衣鉢傳給他了。同時，還把自己的弟子全都託付給弘忍。

四祖道信圓寂後，弘忍繼任雙峰山法席，領眾修行。漸漸地，參學的人日見增多，光其門徒就以萬計。於是，弘忍於唐永徽年間的 654 年，開始在雙峰山東馮茂山另建道場，672 年，新道場建成，取名東山寺。

東山寺建於山腰，亭閣樓臺、殿宇僧舍皆為綠樹翠竹所

遮掩，彼此有重門相通，小路相連，極富園林情趣。

東山寺建好後，弘忍開始在東山寺弘法，因此當時稱其禪學為「東山法門」。弘忍被稱為東山法師。

四祖道信是東山法門的奠基者，其禪法體現了東山法門的基本內容。《楞伽師資記》中，講到道信禪學的基本文獻和內容時說：

> 其信禪師，再敞禪學，宇內流布。有《菩薩戒法》一本，及制《入道安心要方便法門》。為有緣跟熟者說我此法，要依《楞伽經》，諸佛心第一；又依《文殊說般若經》一行三昧，即念佛心是佛、忘念是凡夫。

這段論述可視為道信以至東山法門的綱領。這裡所講「念佛心是佛，妄念是凡夫」，即二心：淨心與染心。此二心論，由道信開創，後來成為東山法門的特色。

弘忍弘法時「蕭然靜坐，不出文記，口說玄理，默授與人」的作風，開中國佛教特有的禪風，對後來禪學發展影響很大。

中國的禪學，自始祖達摩以來，以《楞伽經》印心。至四祖道信，又增加了一行三昧的修持方法。弘忍是道信的弟子，他繼承了師尊的禪學傳統，但他又增加了以《金剛經》印心的新內容，這反映禪學在不斷地發展。

弘忍的基本思想是「人人皆有佛性」。他把這個佛性規定

為圓滿具足、本來清淨的。他認為心是「本師」，佛性就是各人自己的「本心」。用他的話說，就是「自然而有不從外來」。這顆心就是萬法之源。弘忍禪學以守心為法要。

弘忍的禪學繼承道信的禪學思想而來，主要有二依：一依《楞伽經》以心法為宗；二依《文殊師利般若經》的一行三昧。

弘忍弘傳的「東山法門」在《大乘起信論》的影響下，以《般若經》與《楞伽經》相融，對舊禪學加以改造，並使之與儒、道修養互相融合，是佛教禪學中國化的標誌，且具有破舊立新的改革精神。

「東山法門」改變了以往單純依賴布施的頭陀生活，而採取勞作自給的叢林生活。在道信、弘忍之前，禪僧們多孤游乞食。而弘忍大師率領徒眾自食其力，自給自足。

另外，弘忍及其門人把行、住、坐、臥四儀都作為修行的道場，身、口、意、「三業」都當作佛事。把利己與利他、自覺與覺他、世法與出世法融通起來。

東山法門又主張禪者應以山居為主，遠離囂塵。這種寓禪於生活之中的變化，在中國佛教史上影響深遠。

後來的馬祖道一和百丈懷海，創叢林，立清規，道場選址在深山老林，稱道場為「叢林」，提倡農禪並重，主張一日不作，一日不食，這都是受了道信、弘忍禪風的影響。

在修行方法上，弘忍與達摩、慧可、僧粲三代祖師主張漸悟漸修不同，他與師尊道信、則主張漸修頓悟。總體來看，「東山法門」頓漸相融通，但以頓悟為高，以頓悟名宗。

弘忍大師創立「東山法門」，以《楞伽經》、《般若經》傳宗，以雙峰山、東山為比較固定的道場，以坐禪與勞作相結合，漸修與頓悟相結合、世間與出世間相融通，廣開法門，在廣大地區產生了廣泛的影響，為中國禪宗的創立做出了卓越的貢獻。

## 【旁注】

- 道場：梵文的意譯，音譯為菩提曼拏羅，如《大唐西域記》卷 8 稱釋迦牟尼成道之處為道場。後借指供佛祭祀或修行學道的處所，如中國佛教五大名山，分別為文殊菩薩、普賢菩薩、地藏菩薩、觀音菩薩、彌勒菩薩的道場。也泛指佛教、道教中規模較大的誦經禮拜儀式。

- 永徽：唐高宗李治的第一個年號，時間是從 650 年至 655 年，共 6 年。唐高宗在即位之初，繼續執行唐太宗制訂的各項政治經濟制度，故永徽年間，邊陲安定，百姓阜安，有貞觀之遺風，創造了執政時期的一段盛世，稱為「永徽之治」。

- 亭：中國一種傳統建築，多建於路旁，供行人休息、乘涼或觀景用。亭一般為開敞性結構，沒有圍牆，頂部可分為六角、八角、圓形等多種形狀。這許多形式的亭，以因地制宜為原則，只要平面確定，其形式便基本確定了。

- 《大乘起信論》：大乘佛教重要論書，相傳為古印度馬鳴著，南朝梁真諦譯，一卷；唐代實叉難陀重譯，作 2 卷；以真諦譯本較流行。《大乘起信論》在中國佛教史上的影響是廣泛而深遠的，對天台宗、華嚴宗、禪宗、淨土宗的影響尤為顯著。

- 頭陀：出自梵語，又作「馱都、杜多、杜荼」。原意為抖擻浣洗煩惱，佛教僧侶所修的苦行，意即棄除對衣、食、住等貪著，以修練身心。後世也用以指行腳乞食的僧人。凡是修習頭陀苦行的人，在日常生活中必須嚴守相關修行規定。

- 馬祖道一（709 年～788 年或 688 年～763 年）俗姓馬，又稱馬道一、洪州道一、江西道一。唐代著名禪師，開創南嶽懷讓洪州宗。馬祖道一禪師門下極盛，號稱「八十八位善知識」，法嗣有 139 人，以西堂智藏、百丈懷海、南泉普願最為聞名，號稱洪州門下三大士。

**【閱讀連結】**

弘忍門徒數以萬計，參學的人更是不計其數。雖然門徒人數眾多，但是能夠弘法的人並不多。弘忍臨死之前說他弟子中能夠弘法的人不多，認為只有 10 人可以傳他的衣鉢。這 10 個人，據說是神秀、智洗、劉主簿、惠藏、玄約、老安、法如、慧能、智德和義方。而在此 10 人中，最突出和影響最大的是神秀與慧能。

神秀與慧能雖是同一師承，但所傳禪法則不盡相同。慧能在南方，神秀在北方。無論是南禪還是北禪，都是出自弘忍門下發展起來的。由此可見弘忍在中國禪宗史上占有多麼重要的地位。

# 法融開創牛頭宗一系

相傳道信傳衣法於弘忍後，又收了一個叫法融的弟子。法融俗姓韋，潤州延陵人，即現在的江蘇丹陽。少年時即博通經史，「翰林墳典，探索將盡」，後接觸到佛學，感到儒道之學不如佛學。隨後，他到茅山，即今江蘇句容，從三論宗的炅法師剃度出家。

法融跟炅法師學習般若三論和禪定，幾年後，又跟從大明法師鑽研三論和《華嚴》、《大品》、《大集》、《維摩》和《法華》等經數年。

大明法師圓寂後，法融漫遊各地，從鹽官即今浙江海寧縣邃法師、永嘉曠法師等聽講各種經論，深受啟發，但覺全憑知解不能證入實際，因而進入深山凝心冥坐，過了 20 年的習定生活。

唐武德年間的 624 年，左丞相房玄齡奏請淘汰寺廟僧徒，法融即挺身入京陳理，御史韋挺看了他的表辭情文並茂，和房玄齡商議後取消此事。

唐貞觀年年間的 636 年，法融到南京牛首山幽棲寺北岩下構築一所茅茨禪室，日夕參究，數年之間，同住的法侶就有 100 餘人。

這時牛首山的佛窟寺藏有佛經、道書、佛經史、俗經史和醫方圖符等 7 藏，是劉宋初年劉同空造寺時到處訪寫藏在

寺裡的著名經藏。

　　法融得到佛窟寺管理藏經的顯法師允許，在那裡閱讀了
8年。摘抄各書的精要，然後回到幽棲寺，閉門從事研究、
參修。

　　在這期間，禪宗四祖道信傳衣法於弘忍，聽聞法融的事
後，就來到牛首山法融參修的石室。四祖見法融端坐自，就
問他：「你在幹什麼？」

　　法融回答道：「觀心」。

　　四祖問：「觀心的是何人，心又是什麼東西？」

　　法融回答不出，於是起身作禮，請四祖為他說法。

　　四祖在石頭上寫了個「佛」字讓法融坐。法融不敢上前
去坐。四祖點撥道：「你學佛那麼久，怎麼有畏佛之心在？」

　　法融反問道：「何者是佛？何物為心？」

　　四祖不慌不忙地說：「離心無別有佛，離佛無別有心，
念佛即是念心，求心即是求佛。要修成一顆銅牆鐵壁般的佛
心，只需隨心自在就好。心，不用特意去觀它，也不要去壓
抑它。

　　法融頻頻點頭，又問道：「如果內心起了情境，那該怎麼
辦呢？」

　　四祖回答道：「這『境』不分好與壞、美與醜，如果心存
美醜、好壞，就是內心不淨。只靠天天打坐是成不了佛的。

面對不同情境，你心無罣礙根本不去管它，那麼你將修成晶瑩剔透的佛心。」

法融聽後茅塞頓開，當即拜道信為師。道信遂收下這個弟子。法融的禪學思想得到道信的點撥、印證後則有了一個質的飛躍。

道信知道自己剩餘的日子不多了，因此他將禪宗的方便法門傳給法融後，便返回了黃梅雙峰山。臨別時他對法融說，傳自達摩祖師的衣鉢只能傳付一人，現已付與弘忍了。不過你可以自立一支。

遵照師尊的意旨，法融在牛首山授徒傳法，「數年之中，息心之眾百有餘人」，法門逐漸興盛，自成一派。由於常年在牛首山傳法，因此改派被稱為牛頭宗，其禪法系統被稱為牛頭禪。

法融的禪學思想主要見於他所著的《絕觀論》和《心銘》兩部著述。其思想是建立在般若空觀和玄學的基礎上，具有明顯的空宗和玄學的特色。

牛頭禪的特色在於排遣多言，而著眼於空寂。在《絕觀論》中，法融主張「大道沖虛幽寂」，故立「虛空為道本」。在《心銘》中，法融提出「心性不生，何須知見？本無一法，誰論熏煉」。

在法融看來，「境隨心滅，心隨境無」，無心無境，心鏡

本寂,這便是世界的本來面目。基於這一理論,所以他在禪修上認為「無心可守,無境可觀,應該「絕觀忘守」。絕觀忘守的方式就是「一切莫作」,「一切莫執」的「無心用功」。

法融所說的無心,並不是絕心,而是像先秦儒學家子思所講的「率性」,也就是遵循人的本性,自然而然的發展,順其自然。

法融因當年在佛窟寺精讀「七藏經書」,他的禪學思想受到道學的影響,他所創的牛頭禪也體現了「老莊化」、「玄學化」的特色,所以牛頭禪的形成與發展,對佛教的中國化進程,起了重要的促進作用。

法融的禪學,屬於牛頭宗的早期。其興盛時期是從牛頭宗五祖智威下的六祖慧忠,以及玄素等始。

慧忠是牛頭宗五祖,曾經法受於雙峰山。雙峰是道信、弘忍的道場,故又謂其是弘忍的弟子。也有說他是慧能、神會的弟子等。正因為他上脈多出,所以他的禪學具有綜合的性質。

慧忠的禪學,游於南、北、東山、牛頭諸宗之間。他常說的「即心是佛」,屬於弘忍、慧能的禪學思想。他在答常州僧靈覺時,又教其「無心可用」、「本來無心」,他還常說「無情有性」、「無情說法」,而這些都是牛頭宗的基本禪法。

玄素,字道清,俗姓馬,人稱馬祖,或稱馬素,潤州延陵人,即現在的江蘇丹陽。武周如意年間出家江寧長壽寺,

晚年居潤州幽棲寺傳教弘法。

玄素下有道欽。道欽在杭州徑山立寺弘法，深受唐代宗的崇敬，賜號「國一」。道欽門下有道林禪師，也很有名氣。

據說，道林常棲息樹上，人們因此稱他為鳥巢禪師，後來又有喜鵲在他身邊築巢，人們又稱他為鵲案和尚。由於禪師道行深厚，時常有人來請教佛法。

當時，大文豪白居易在杭州做太守。有一次去拜訪道林禪師，他看見道林禪師端坐搖搖欲墜的鵲巢便，於是說：「禪師住在樹上，太危險了！」

道林禪師回答說：「太守，你的處境才非常危險！」

白居易聽了不以為然地說：「下官是當朝重要官員，有什麼危險呢？」

道林禪師說：「你薪火相交，心性不停，怎能說不危險呢？」

白居易似乎有些領悟，轉個話題又問道：「如何是佛法大意？」

道林禪師回答道：「諸惡莫做，眾善奉行！」

白居易聽了，以為禪師會開示自己深奧的道理，原來是如此平常的話，感到很失望地說：「這是三歲孩兒也知道的道理呀！」

道林禪師說：「三歲孩兒雖懂得，八十老翁行不得。」

禪師的話雖然容易理解，但做起來卻是不易，白居易聽懂了禪師的話，深為折服，遂改變自高自大的傲慢態度，禮拜而退。

牛頭禪相傳六代後，到了唐末，其影響漸漸衰微。日本僧人最澄入唐求法時，曾從天台山禪林寺僧俺然學習牛頭禪法。

## 【旁注】

· **墳典**：三墳與五典的並稱，後轉為古代典籍的通稱。「三墳」，即伏羲、神農、黃帝之書；「五典」，即少昊、顓頊、高辛、堯、舜之書。此外還包括「八索」、「九丘」等古書。「八索」乃八卦之說；「九丘」乃九州之志。

· **三論宗**：又名空宗或法性宗，隋唐時代佛教宗派。因據印度僧人龍樹《中論》、《十二門論》和提婆《百論》3 部論典創宗而得名。經南朝劉宋時僧朗、僧朗弟子僧詮，僧詮門人法朗，數代相傳，教義漸趨成熟。法朗門人吉藏集三論學說的大成，創立三論宗。

· **丞相**：也稱宰相，是中國古代最高行政長官的通稱。統領百官輔佐皇帝治理國政，位高權重。丞相制度起源於戰國時期。秦代設左丞相、右丞相。漢代承襲丞相制度。明太祖朱元璋時期廢除了丞相制度。

· **打坐**：又叫「盤坐」、「靜坐」，方式是閉目盤膝而坐，

調整氣息出入，手放在一定位置上，在佛教中叫「禪坐」或「禪定」，是佛教禪宗門人必修的一課。打坐既可養身延壽，又可開智增慧。在中華武術修練中，打坐也是一種修練內功，涵養心性，增強意力的途徑。

- **玄學**：魏晉時期的重要哲學思潮，是道家和儒家融合而出現的一種文化思潮，也可以說是道家之學以一種新的表現方式，故又有新道家之稱。玄學討論的中心問題是本末有無，即宇宙最終存在的根據問題。

- **子思**（西元前483～西元前402年）名孔伋，孔子的嫡孫，春秋戰國時期著名思想家。子思受教於孔子的高足曾參，孔子的思想學說由曾參傳子思，子思的門人再傳孟子。後人把子思、孟子並稱為「思孟學派」，因而子思上承曾參，下啟孟子，在孔孟「道統」的傳承中有重要地位。

- **老莊**：老子和莊子的並稱，借而代指道家學說。道家主張「清靜無為」、「順應天道」、「逍遙齊物」等思想。莊子繼承發展了老子的思想，看法精煉獨到、卓爾不群，故而與老子並稱，一併成為道家學說的代表人物。老子著有《道德經》，莊子著有《莊子》。

- **太守**：戰國時代郡守的尊稱。西漢景帝時，郡守改稱為太守，為一郡最高行政長官。歷代沿置不改。南北朝時

期，新增州漸多，郡之轄境縮小，郡守權為州刺史所奪，州郡區別不大，至隋代初遂存州廢郡，以州刺史代郡守之任。此後太守不再是正式官名，僅用作刺史或知府的別稱。明清則專稱知府。

· **白居易**（772 年～ 846 年）字樂天，號香山居士，又號醉吟先生，河南新鄭人，唐代偉大的現實主義詩人，唐代三大詩人之一。白居易的詩歌題材廣泛，形式多樣，語言平易通俗，有「詩魔」和「詩王」之稱。有《白氏長慶集》傳世，代表詩作有《長恨歌》、《賣炭翁》、《琵琶行》等。

**【閱讀連結】**

牛頭宗的法系傳承始於法融大師，其後為智岩、慧方、法持、智威、慧忠。但是在智威之前的傳承並不明確，這個傳承世系是至智威及其後的門徒所建立的。

關於牛頭宗傳承次第，有幾種說法。唐代學者劉禹錫的《融大師新塔記》以法融、智岩、法持、智威、玄素、法欽為牛頭宗傳承的次第，但未稱為六祖。另有所記的傳承是法融、智岩、慧方、法持、智威、玄素六世。這種系統傳說在玄素生前似已成立。後來又變為，以法融為第一祖，智岩第二，慧方第三，法持第四，智威第五，慧忠第六。牛頭宗的世系，後來即以此為定說。

# 慧能作偈成禪宗六祖

　　五祖弘忍圓寂之前，說他弟子中能夠弘法的人不多，也就有 11 個。這 11 人是神秀、智洗、劉主簿、惠藏、玄約、玄賾、老安、法如、慧能、智德和義方。在此 11 人中，只有幾個人可以傳他的衣缽，而在這其中有一個叫慧能的弟子最有悟性，也最得弘忍的賞識。

　　慧能即惠能，俗姓盧，於唐貞觀年間的 638 年在廣東新州出生，傳說在出生時來了兩個奇異的僧人，兩僧人給小兒起名慧能，所以慧能是從小就這樣被叫的。

　　慧能幼年時父親就去世了，之後慧能跟著母親移居南海，即廣州。稍長大些，慧能就以賣柴來維持和母親的生活。

　　慧能 22 歲那年，在賣柴時聽人誦讀《金剛經》，不覺內心有所感悟，「一聞經語，心即開悟」，他就問誦讀的人讀的是什麼經？客人告訴他，讀的是《金剛經》。

　　慧能又問客人從何處來？如何得到此經？客人又答從蘄州黃梅縣東山寺來，那裡有禪宗五祖弘忍大師在主持傳法，門徒有一千多人，前往禮拜時得以聽受此經。

　　慧能聽了，覺得自己能被《金剛經》打動，一定就與佛法有緣，所以他安頓好母親後，遂前往黃梅馮茂山去見弘忍大師。

慧能來到了韶州曹溪，即今廣東曲江縣，遇村人劉志略。劉志略的出家姑母比丘尼無盡藏，持《涅槃經》來問字義。慧能說：「我雖不識字，但還了解其義理。」

無盡藏尼說：「既然不識字，你又如何能解義？」

慧能說：「諸佛的道理，並非來自文字。」

無盡藏尼聞聽慧能此言，深感驚異，於是告訴鄉里耆老，請慧能居於當地寶林寺。不久，慧能又至樂昌縣西石窟，遇到智遠禪師，智遠也勉勵慧能前去參拜五祖弘忍。

661 年，慧能終於到達了湖北黃梅山東山寺，並見到了五祖弘忍大師。

一見面，弘忍就問他：「你來自何方，到此禮拜我，來做什麼？」

慧能回答說：「弟子是嶺南人，新州百姓，今故遠來禮拜和尚，唯求成佛，不求餘物。」

弘忍想，此人是嶺南人，又來自少數民族，估計佛性不足。

慧能看出了弘忍意思，就說道：「人即有南北，佛性即無南北。嶺南少數民族之身與和尚之身不同，佛性有何差別？」

此語一出，弘忍大為震驚，方知慧能是大根器之人，遂收下慧能。他先讓慧能在寺內隨眾做勞役，在碓房踏碓舂

米。慧能禮拜而退。

從此，慧能來到碓房不避辛苦破柴踏碓。雖然天天幹活，可是卻時時刻刻在靜廬修禪，用功修行，忘身為道。

慧能在寺中碓房一幹就是8個月，一天，弘忍集合門人，要大家作一首偈，察看各人的見地，以便付法，也就是將自己的衣鉢傳給他。

當時弘忍的門徒中，學業最佳、聲望最高的是神秀上座，神秀恐負眾望，就在走廊牆壁上作了一首偈，偈曰：

身是菩提樹，心如明鏡台；
時時勤拂拭，莫使惹塵埃。

這首偈表達了神秀漸修成佛的見解。神秀抓住了人的身心兩個要素，將它們比喻為「菩提樹」、「明鏡台」、要求人們「時時勤拂拭，莫使惹塵埃」。

這裡的「塵埃」是指「六塵」，即色、聲、香、味、觸、法六境，一般認為此「六塵」與眼、耳、鼻、舌、身、意六根接觸，由於「六識」的貪著取捨，會造成人心的染汙，所以教人要「時時勤拂拭」。此偈給人留下一個精進不懈的修行者的形象。

對於此偈，弘忍認為未見本性，只到門外。儘管弘忍認為「只到門前，尚未得入」，但又告訴門人「凡夫依上偈修行，即不墮落」。意思是，如果照此修行，境界是會得到提升的。

慧能得知神秀所作偈後，思考過後，就知其對佛法的理解並不到家，他說：「美倒是美了，了則未了。」於是也作了一偈，因為不識字，就請別人代寫在神秀那首偈的旁邊。偈曰：

菩提本無樹，明鏡說非台；

本來無一物，何處惹塵埃！

菩提樹是空的，明鏡台也是空的，身與心俱是空的，本來無一物的空，又怎麼可能惹塵埃呢？此偈直指本心，剖見本性。這首偈顯示了慧能頓悟成佛的見解。

五祖弘忍一見此偈，便知慧能已悟徹佛法大意。只是礙於當時眾門徒在旁，恐惹起嫉妒，未作認可。

當天晚上，弘忍私下來到碓房。問慧能：「米白了嗎？」

慧能道：「米白了，只是沒有篩過。」

弘忍用手杖在石碓上擊了三下，轉身便走。

慧能心領神會，三更時，來到弘忍禪室，弘忍為慧能講《金剛經》要旨，慧能徹悟，道：「何期自性，本自清淨；何期自性，本不生滅；何期自性，本自具足；何期自性，本無動搖；何期自性，能生萬法。」

弘忍見慧能徹悟本性，決定把法器、袈裟傳給他，慧能跪受衣法，成為禪宗第六祖。

弘忍對慧能說：「你從今以後是第六代祖師了。衣是信

物，代代相傳。法須以心傳心，當令傳人自悟。」又說，「慧能，自古傳法，氣如懸絲！若在此間，有人害你。你必須趕快離去！」

慧能問：「我應當隱避在何處呢？」

弘忍說：「逢懷且止，遇會且藏。」

慧能隨師父弘忍來到一條河邊，河邊有一隻師父早已備好的小船，弘忍拿起船上的槳說：「慧能，我來渡你過河把。」

慧能馬上說：「師父，你坐船上，我自己來划。迷的時候師父渡我，悟了以後我渡自己。」

弘忍聽罷，讚許地點點頭，把船槳交給了慧能，為自己找到了一個出色的接班人而欣慰，自己最大的心願圓滿地了解。

弘忍坐在船上給慧能念了一首傳法偈：「有情來下種，因地果還生；無情亦無種，無性也無生。」

慧能點點頭說：「師父，我記住了。」

這時，五祖弘忍向慧能娓娓道出了臨別的最後一句話：「慧能啊，今後的佛法將因你而大盛，此去南方，佛法難起，應看時機成熟後再說法。」

慧能連忙點頭：「明白了師父，多謝師父指點。」

此時，船已到了河對岸，慧能下了船，把船槳交給了師

父，與師父揮淚告別，目送著師父划船的身影，直到看不見。之後，慧能就一直往南走去。

## 【旁注】

· **貞觀**：唐太宗李世民的年號，使用時間從 627 年至 649 年，共 23 年。「貞觀」語出《易經·繫辭下》：「天地之道，貞觀者也。」李世民的英明執政也叫「貞觀之治」。李世民為帝之後，積極聽取群臣的意見，以文治天下，並開疆拓土，為後來唐朝 100 多年的盛世奠定重要基礎。

· **《涅槃經》**：佛教經典，又稱《大本涅槃經》、《大涅槃經》。北涼曇無讖譯，40 卷，13 品。約於 2 世紀至 3 世紀時成書。晉宋時對中國佛學界影響很大。禪宗本心論、迷失論、開悟論、境界論深受《涅槃經》影響，形成了獨特的生命體悟。

· **嶺南**：嶺南屬於中國一個特定的環境區域，這些地區不僅地理環境相近，而且，人民生活習慣也有很多相同之處。後來，由於歷代行政區劃的變動，現在提及到「嶺南」一詞，特指廣東、廣西和海南三省區，江西和湖南部分位於五嶺以南的縣市則並不包括在內。

· **明鏡台**：指梳妝台。因為台上一般放著鏡子，故有此名。而梳妝台一般都清理得一乾二淨，一塵不染。「明鏡台」

因為神秀和慧能的偈成為佛性的代稱。五祖大師把因慧能偈語有「菩提本無樹，明鏡說非台」句，把禪宗的頓悟之法與衣鉢傳給了他。

菩提：梵文的音譯，意思是覺悟、智慧，用以指人豁然開悟，突入徹悟途徑，頓悟真理，達到超凡脫俗的境界等。涅槃是佛境最高層次。涅槃對凡夫來講是人死了，實際上就是達到了無上菩提之境。

【閱讀連結】

慧能求法的因緣，《曹溪大師別傳》有不同的傳說。《曹溪大師別傳》說慧能先從新州到曹溪，即今廣東曲江，與村人劉志略結義為兄弟。劉志略的姑母「無盡藏」尼常誦《大涅槃經》，慧能不識字，郤能為他解說經義。在寶林寺住了一個時期，被稱為「行者」。為了求法，又到樂昌依智遠禪師坐禪。後來聽慧紀禪師誦經，在慧紀禪師的激發下決心去黃梅參禮弘忍。依《曹溪大師別傳》說，慧能參禮弘忍，與《金剛經》無關。

所以在去黃梅以前，慧能早已過著修行的生活。如果解說為慧能 22 歲，因聽《金剛經》而發心去參學。經過曹溪，曾住了一段時期。到 24 歲才去黃梅。這樣的話便可以會通兩種說法，但此說也未確定。

# 佛法無邊 —— 禪學弘傳

　　禪宗至六祖慧能時期達到了繁盛時期，這個時候也可以說是中國禪宗的正式形成時期。慧能創立了有中國特色的禪宗，他的佛教思想影響遍及日本和東南亞各地。他留下的《法寶壇經》，成為研究中國和世界佛教史、思想史、哲學史的歷史巨著之一。

　　在這一時期，慧能在南方開創的南宗禪法為頓門；同門神秀在北方開創的北宗禪法為漸門，世稱「南頓北漸」。後來南禪北移，其方法更為簡便，使神秀在北方的禪法逐漸失勢，南禪進而一統天下，成為禪宗主流。

# 慧能嶺南弘法傳美名

慧能受五祖弘忍衣鉢後，離開東山寺，渡過長江，到了九江驛，然後直接回到嶺南。

弘忍弟子知道本門衣法付與慧能後，有些不平，有些人就向南追來。其中有個名叫惠明的僧人，行伍出身，他一直追到大庾嶺上，終於追到了慧能。

慧能見惠明追來，將法衣給惠明，說道：「衣鉢代表法信，難道可以用力爭嗎？」

惠明有些不知所措，說：「我為法來，不要其衣。」惠明的意思很明顯，傳衣雖表徵了傳法，但有衣並不代表有法，他要的是法，而並非僅僅是衣。

慧能便為惠明說法。說法的內容為「不思善，不思惡，正與么時，哪個是明上座本來面目」，意思是屏息一切因緣，不生一切念頭，不想善惡，此時，哪個是你本來的面目？

惠明聽後大悟，說：「我雖在黃梅學習，但從沒有反省過自己的本來面目，今蒙教誨，茹人飲水，冷暖自知。」

慧能見惠明徹悟，便讓惠明向北去弘法。惠明本是弘忍弟子，但因為聽慧能說法而大悟，因為轉而成為慧能的弟子。

慧能來到嶺南，隱瞞身分，度過了 5 年勞苦的生活。667年正月初八，慧能來到了廣州法性寺。

當時正值印宗法師在講《涅槃經》，慧能聽到二僧在辯論關於風吹幡動的問題，一個說是風動，一個說是幡動，爭認不下。慧能來到二僧面前說：「不是風動，不是幡動，是你們的心動。」

慧能這句話震驚了四座，也引起印宗法師的注意。印宗久聞禪宗衣鉢傳人南來，現在看到慧能談吐不凡，便猜想是稟受衣法者，一問果真如此。遂請慧能拿出衣鉢，眾人禮拜。

印宗向慧能請教五祖弘忍禪法，慧能說：「只講見性，不論禪定、解脫。」

印宗又問：「為何不論禪定？」

慧能說：「那是二法，不是佛法，佛法是不二之法。」

印宗緊問：「什麼是不二之法？」

慧能回答說：「一者善，二者不善，佛性非善非不善，這就是不二。」

印宗聽後，歡喜合掌，自嘆弗如，稱自己的講經「猶如瓦礫」，而慧能的說法「猶如真金」，願拜慧能為師。

672 年正月十五，印宗親自為慧能落髮剃度，並請智光禪師為之授戒。自此，慧能算正式出家為僧。從此，他的嫡傳身分也就公之於天下。

剛開始，慧能就在法性寺菩提樹下弘揚法門，收徒傳法，逐漸名振嶺南，前來求法學禪的人日益增多，法性寺難

以容納諸多僧眾。

慧能在落髮剃度的第二年春天，前往韶州曹溪山寶林寺傳經弘揚禪宗。在當地的支持下，大建寺院，廣收門徒，使曹溪法門名播天下。

曹溪寶林寺是嶺南的禪學中心，當時任韶州刺史的韋琚也信奉佛教，慕慧能之名，特邀慧能下山至韶州城裡的大梵寺為眾說法。

一天，韋琚問六祖：「弟子有個疑問，願和尚大慈大悲，為我解說。」

慧能回答：「有疑難就問。」

韋琚說：「達摩祖師初到中國，梁武帝問祖：『我一生中建造寺廟，廣抄經書，布施捨己，廣設齋會，這有什麼樣的功德？』達摩說：『實在是沒什麼功德。』弟子我不能理解這個道理，希望大師能為我解脫。」

慧能說：「造寺度僧，布施設齋，乃是求福，不能把福德與功德混為一談。功德不是布施所能供養能得到的。」

慧能的解答，讓韋琚受益匪淺，從此以後更加敬重慧能禪師，做官一方，造福百姓。

一天，慧能辭別大梵寺的眾位師兄弟，在韋琚的陪同下，回到了南華山寶林寺。慧能剛剛回來，門外就有人求見。來人是法海和尚。

法海本是韶州曲江人，他到大梵寺去謁拜慧能時，慧能已經回寶林了，因此，他又趕到寶林寺來。慧能見法海誠心前來問法，便在法堂裡接見了他。

　　法海見六祖禪師立即參拜，拜畢問：「弟子請問和尚，『即心是佛』這是什麼道理？請和尚慈悲為我指示曉諭。」

　　慧能說：「前念不生即心，後念不滅即佛，成一切相即心，離一切相即佛。」

　　法海聽了即時豁然大悟。惠能又說：「聽我給你說偈：『即心名慧，即佛乃定；定慧等持，意中清淨。悟此法門，由汝習性。用本無生，雙修是正』。」

　　這段偈語的意思是說：無念即心名叫慧，離相即佛就是定；定和慧均等修持，心意自然常清淨。能悟這頓教法門，由你習性所自得。定體慧用本無生，定慧雙修才是正。

　　法海在六祖的開示下，領會了「即心是佛」的道理。他從此，就在惠能身邊學法，成了惠能的得意門徒。

　　慧能講法時，法海記錄整理當時的開法情況編成了《六祖法寶壇經》，此經後來成為禪宗的主要經典。

　　在韶州，除了在寶林寺、大梵寺，慧能還在廣果寺等寺院傳經弘法，每次都引起了轟動，受眾人數很多很多。

　　慧能弘揚禪宗，主張「頓悟」，其思想影響了華南諸宗派，人稱「南宗」。慧能本人被尊稱為南宗之祖。

除了在廣州、韶州弘法外，慧能又先後在河南南陽、洛陽大弘禪法，使南宗的影響與聲望越來越大。

　　當時有位禪師叫智隍，曾參拜五祖弘忍大師，自以為得到五祖傳授，就來到寺廟打禪靜坐，達 20 年之久。慧能的一個叫玄策的弟子遊覽河北，路過此地，他問智隍：「你在這幹什麼？」智隍答說在「入定」。

　　玄策又問：「你所說的入定，是有心的入定呢？還是無心的入定？若無心的入定，一切草木瓦石都可以叫入定；若有心的入定，一切有情感知覺的生物都應該得到入定。」

　　智隍說：「我入定時沒有『有』『無』之心。」

　　玄策說：「既然沒有『有』『無』之心，就是常定。既是常定，又有什麼『出』『入』呢？」

　　智隍不能對答，說：「請問你拜誰為師？」

　　玄策說：「曹溪六祖。」

　　智隍問：「六祖怎麼講禪定？」

　　玄策說：「我師父講，『五陰本空，六塵非有。不出不入，不定不亂。』」

　　不久，智隍到曹溪拜謁慧能，陳述了上面的情況。

　　六祖說：「正如你談到的，要心如虛空，又不執著於空見，無障無礙，動靜無心，就如你的自性的樣子，何時不定呢？」

智隍大悟。六祖又開示眾人說：「什麼叫坐禪呢？對外界一切善惡環境不起心念叫坐；對內自性不動叫禪。什麼叫禪定呢？對外能擺脫一切現象的干擾為禪，內心不亂為定，外禪內定，就是禪定。」

　　經此一事，慧能的名聲更加響亮，前來曹溪寶林寺聽法的人更加絡繹不絕，人潮如織。

　　有個名叫法達的僧人，讀完 3,000 部《法華經》，卻不知道此經的宗旨，就前來請教慧能。

　　慧能慈悲地告訴他：「這部經是以因緣出世為宗，佛是因一大事因緣才出現於世間的，這一大事，指的是佛的知見，佛的知見，就是指人的自心。世人口善心惡，會瞋嫉妒，侵人害物，都是因為心邪，若能正心，常生智慧，觀照自心，止惡行善，就是開佛的知見。」

　　法達又問：「那麼只要懂得義理，就不需要誦經了？」

　　慧能說：「口誦心行，就是轉經，口誦心不行，即是被經傳。」法達聽後大悟。

　　禪學與經教是對立的，禪學不重知識，只講頓悟。達摩的「不立文字，直指人心」講究的就是頓悟。慧能注重的也是心轉。

　　慧能在曹溪寶林寺說法 30 餘年，門徒眾多，被人稱為嶺南活佛，其影響越來越大，最終引起唐王朝的關注。

　　唐王朝曾幾次禮請慧能。692 年，武則天派「天冠郎中」張昌期前往韶州曹溪「請能禪師」，慧能託病不去；到 696年，唐王朝「再請能禪師」，慧能還是不去，沒有辦法，唐王朝只得請袈裟入內道場供養。

　　武則天晚年又再次派薛簡迎請慧能，慧能依然予以拒絕。到唐中宗李顯時的 707 年，此時武則天早已去世，唐中宗又派薛簡再請，慧能以久處山林，年邁風疾為由，辭卻不去。薛簡懇請說法，然後將記錄帶回覆命。

　　唐中宗中宗贈慧能摩衲袈裟一領、絹 500 匹、寶缽一口以為供養，下詔將寶林寺改為中興寺。707 年 11 月 18 日，又下詔將新州報恩寺改為國恩寺。

　　713 年 7 月 8 日，慧能帶領門下弟子法海等回新州國恩寺。這一年的陰曆八月初三，慧能圓寂於國恩寺，世壽 76歲。11 月 13 日，慧能坐化的神龕及承受的衣缽，從新州國恩寺遷往曹溪寶林寺。

　　慧能弘法於嶺南，對邊區文化的啟迪，海國遠人的向慕，都有所貢獻，所以唐朝學者王維稱譽為：「實助皇王之化。」

　　慧能說法，弟子法海集錄，輯錄成《南宗頓教最上大乘摩訶般若波羅蜜經六祖慧能大師於韶州大梵寺施法壇經》，簡稱《六祖壇經》。這部著名的經卷記載慧能一生得法傳宗的事跡和啟導門徒的言教，內容豐富，文字通俗，是南宗的主要教義根據。

慧能創立了有中國特色的佛學教派，他的佛教思想影響遍及日本和東南亞各地。他留下的《六祖壇經》，成為研究中國和世界佛教史、思想史、哲學史的歷史巨著之一。

## 【旁注】

· **大庾嶺**：亦稱庾嶺、台嶺、梅嶺、東嶠山，中國南部山脈，「五嶺」之一，位於江西與廣東兩省邊境，為南嶺的組成部分。山脈東北 - 西南走向，海拔 1,000 米左右。

· **法性寺**：中國古剎之一，位於廣州西北部，又叫做制旨寺、制止道場，今稱為光孝寺。東晉時，罽賓僧始造立寺宇，號王園寺。南朝時，真諦住此翻譯經典，慧愷、僧宗等亦跟隨來此，一時譯經風盛。

· **曹溪**：水名，在廣東曲江縣東南雙峰山下。以六祖慧能在曹溪寶林寺說法而得名。據史料記載，六祖在曹溪達 40 年之久，留下了許多遺址遺蹟，如腳印、避難石、浴堂村、獅子岩、壇經、開悟泉、九龍泉、菩提樹等等，每一處都有引人入勝的故事。

· **洛陽**：位於洛水之北，水之北乃謂「陽」，故名洛陽，又稱洛邑、神都，是眾多古都所在地，歷史上先後有商、西周、東周、東漢、曹魏、西晉、北魏、隋、唐等 13 個正統王朝在洛陽建都，擁有 1,500 多年建都史。

- **《法華經》**：佛經名，全名為《妙法蓮華經》。《法華經》是佛陀釋迦牟尼晚年所說教法，為大乘佛教初期經典之一。因經中宣講內容至高無上，明示不分貧富貴賤、人人皆可成佛，所以《法華經》也譽為「經中之王」。

- **武則天**（624 年～ 705 年）名武曌，中國歷史上唯一的正統的女皇帝。曾是唐太宗的才人，唐太宗駕崩後，武則天在感業寺落髮為尼，唐高宗登位後詔入後宮，冊為皇后，尊號為天后。後來她自立為皇帝，定洛陽為都，改稱神都，建立武周王朝。

- **神龕**：放置塑像和祖宗靈牌的小閣。神龕大小規格不一，依祠廟廳堂寬狹和神的多少而定。大的神龕均有底座，上置龕，敞開式。祖宗龕無垂簾，有龕門。神佛龕多為橫長方形。龕均木造，雕刻吉祥如意圖案和帝王將相、英雄人物、神仙故事圖像。

> **【閱讀連結】**
> 禪宗五祖弘忍於 672 年創建的五祖寺，位於湖北省黃梅縣東 12 公里的東山，當時稱東山寺，後世改稱五祖寺。是佛教禪宗五祖弘忍大師說法道場，也是六祖慧能大師得衣之地。
> 五祖寺自建寺以來，每年朝山的香客數以萬計，不少的文人騷客前來遊覽，並留下許多讚美的詩句。

它既在中國佛教史上占有極其重要的位置，又是著名的旅遊勝地。而且在國際上，特別是日本、印度等東南亞國家享有盛譽。

# 禪宗正統體系的確立

五祖弘忍的門下有個叫神秀的弟子，也深得弘忍的賞識。神秀俗姓李，汴州即今河南人，自幼學習經史，博學多聞。受到了老莊玄學、《書》、《易》大義、「三乘」經論和《四分》律儀等儒釋道的全面薰陶。

神秀早年當過道士，50 歲時，到蘄州雙峰山東山寺參謁禪宗五祖弘忍求法，後出家受具足戒，曾從事打柴汲水等雜役 6 年。弘忍深為器重，稱其為「懸解圓照第一」、「神秀上座」，令為「教授師」，就是負責教育其他門人。

神秀跟隨弘忍的時間遠較慧能長，慧能被派在碓房裡踏碓時，神秀已經跟隨弘忍已經是第六個年頭了。

在弘忍圓寂之後，神秀來到荊州當陽山玉泉寺弘禪，20餘年中門人雲集，影響漸大，成為當時禪學中心，漸形成了禪學一宗，稱為北宗，神秀被尊為北宗禪之祖。

武則天聞聽神秀的大名，於 700 年派人延請神秀來到洛陽，後又召到長安內道場弘法，深得武則天敬重。據說，武

則天迎神秀禪師入京時，親自行跪拜之禮。705 年，武則天挽留神秀，並自稱弟子。唐中宗時，對神秀更加禮重。當時的中書令張說也向他問法，並執弟子禮。

四祖道信創東山法門，五祖弘忍將其弘揚光大。四祖的東山法門禪法，也就是「念佛禪」，念佛禪就是把「不立文字，教外別傳」的禪宗，透過有佛經文字，有修行模式，成為讓一般修行人能接受的禪宗法門。

以神秀為代表的北宗禪學，忠實地繼承了四祖道信和五祖弘忍的東山法門，絲毫沒有變化，弘忍禪師曾讚歎道：「東山之法，盡在秀矣」。北宗強調「漸修漸悟」，史稱北漸。

反映神秀禪法思想的主要文獻，是他的《觀心論》。《觀心論》亦名《破相論》和《大乘無生方便門》，又名《大乘五方便門》。集中反映了神秀的禪法思想。

從《觀心論》的內容來看，神秀的禪法思想有一重要特點，就在於他處處不忘教導弟子自己覺悟內心本具的真如佛性，使其不受無明染心的束縛，從而擺脫煩惱，免除痛苦。

神秀認為，客觀外界都是由心所引起而產生的。他要求人們唯在觀心。他說：「心者，萬法之根本也。一切諸法，唯心所生。若能了心，萬行具備。心既然是萬法之根本，那麼心就是體了。」

神秀特別重視內在心性的作用。在神秀看來，努力讓內

在的心性擺脫無明的束縛，讓真如清淨無染的自心呈現出來，才是真正踏實的修行。而那些只注重表相，在一些事相上用功夫，並不能算作是真正的修行，不過就是得些福報，儘是「有為功德」。因此，神秀的禪法思想與傳統的解釋，存在著不同，形成自己的特色和風格。

神秀在北方佛教徒中，有著深刻的影響和崇高地位。他使東山法門發展到頂峰，使北宗的勢力盛極一時。這時，神秀已經年歲很大了，最後圓寂於洛陽。

神秀的喪禮辦得極其豪華榮耀。禪宗一門，立即聲名倍增。在唐中宗、唐睿宗朝，弘忍的弟子相繼被詔入京，神秀的弟子輩，諸如普寂、義福等，也受到朝廷權貴的支持和崇信，封為「國師」。

與北宗不同的是，南宗嫡傳的並不是來自四祖、五祖的東山法門，而是嫡傳了佛陀以心印心，不立文字，教外別傳的宗法。

慧能認為一切般若智慧，皆從自性而生，不從外入，若識自性，「一聞言下大悟，頓見真如本性」，因此，他提出了「即身成佛」的「頓悟」思想。「頓悟」思想貫穿於慧能整個弘法授徒之中，史稱南頓。

實際上，北宗也講究頓悟，但北宗所說的頓悟，是由漸至頓，恍然大悟。而南宗的頓悟，則是單刀直入，悟在剎那

間，如彈指，即刻見性成佛。

南宗禪法以定慧為本。定慧即「無所住而生其心」，「無所住」指「定」，「生其心」即「慧」。慧能從「無所住而生其心」的經文中，悟出了定慧等學微旨。禪宗的一切思想，皆從此義引申而來。

據載，慧能在曹溪寶林寺講法，天下學徒，不遠千里，慕名前來，大家都覺得一定能聆聽到深奧的教誨，在修行上獲得長足的進步。

時間一長，他們覺得實際情形與自己內心的企盼完全不同，以前，他們在每天都要做功課，除了幹一些雜務，大部分時間是在打坐入定。現在慧能大師乾脆什麼也不管，只是吩咐大家每天幹些瑣碎的雜活。

眾人議論越來越多，慧能認為說法的時候到了，便召集眾人在大講堂，開門見山地說：「今天將大家召集在一起，準備專門講講坐禪的問題。」眾人一聽，頓時群情振奮。

慧能告訴大家說：「近日來，我聽到大家的許多議論，抱怨我們這裡不注重坐禪。其實我們每天都在坐禪，只不過我們的坐禪不是讓人靜坐不動，而是從心所欲，不須拘泥，舉手投足，皆在道場。」

他又說：「只要保持心性的純潔，不受善惡是非觀念的影響，就是『坐』；心靈淨化自識本性，就進入『禪』的境界，

外動而內靜，比起那些終日靜坐、內心卻心猿意馬的僧人來，當然是好的。」

南宗認為佛性本有，因此提倡心性本淨，見性成佛。主要依據是達摩的「二入」、「四行」學說。「二入」指「理入」。

理入是憑藉經教的啟示，深信眾生同一真如本性，但為世俗妄想所覆蓋，不能顯露，所以要舍妄歸真，修一種心如牆壁堅定不移的觀法，掃蕩一切差別相，與真如本性之理相符。

「四行」為：報怨行、隨緣行、無所求行與稱法行，屬於修行實踐部分。「四行」與「二入」相輔相成，共同構成南宗的理論基礎。

頓悟不容易，所以六祖慧能說：「我此法門，乃接引上上根人。」上等根器還不算，要上上根器，最上等智慧的人。

慧能恢復前代佛教僻居山林的修行方式，他一生遠遁嶺南弘法。北方主要是以神秀為代表的禪學北宗弘法範圍，他不願涉足。另外，慧能不願交遊權門，刻意與朝廷保持一定距離，保持了自達摩禪以來歷代祖師山林佛教的特色。

慧能提倡自然的修行生活，無異於世俗平凡生活，他甚至提出了「若欲修行，在家亦行，不由在寺。」把修行活動深入到世俗生活的每個角落，而不僅僅限於僧侶生活。

以神秀為首的北宗暢行北方，以長安、洛陽為中心，主

張以篤踐實履之精神修行禪法，力主「漸修」，而南宗主張「頓悟」，針鋒相對，因南、北二宗宗風的不同，當時有「南頓北漸」之說。

「南頓北漸」到底哪個是禪宗正統，這個問題當時曾引起爭論，當武則天要請神秀禪師擔任國師時，神秀禪師卻說：「我沒有這個資格，傳承衣鉢是師弟慧能禪師。」從中可以看出神秀是把慧能當作禪宗衣鉢傳人的，同時也可以看出神秀的器量。

神會禪師是慧能晚期弟子，俗姓高，湖北襄陽人。童年從師學「五經」，繼而研究老莊，都很有造詣。後來讀《後漢書》知道有佛教，由此傾心於佛法，遂至本府國昌寺從顥元出家。他理解經論，但不喜講說。

神會 30 歲到 34 歲，在荊州玉泉寺跟從神秀學習禪法。700 年，因武則天武后召他入宮說法，便勸弟子們到廣東韶州從慧能學習。

神會來到曹溪後，在那裡住了幾年，很受慧能器重。一天，神會問六祖：「師父坐禪，見還是不見？」

慧能用手杖打他，並問：「我打你痛還是不痛？」

神會回答說：「也痛也不痛。」

慧能接著說：「我也見也不見。」

神會又問：「什麼叫也見也不見？」

慧能說：「常見自己的過錯，不見他人的是非。你說的也

痛也不痛怎麼講？若不痛，與樹木土石有何差別？若痛，即起仇恨，與俗人無異。我見則我見，難道會代你迷惑，為啥不自見自知，卻來問我見與不見。」

神會似有所悟，從此精進不懈，佛學見地與日俱增。為了增廣見聞，他不久又北遊參學。先到江西青原山參行思，繼至西京受戒。

唐中宗時的景龍年間，神會又回到曹溪，慧能知道他的禪學已經純熟，就在圓寂前授予印記。

720 年，神會受命前住南陽龍興寺弘法。這時他的聲望已隆，南陽太守王弼和詩人王維等都曾來向他問法。

神會北歸以後，看見北宗禪在北方已很盛行，於是提出南宗頓教優於北宗漸教的說法，並且指出達摩禪的真髓存於南宗的頓教。他認為北宗的「師承是傍，法門是漸」，慧能才是達摩以來的禪宗正統。

唐玄宗開元年間的 724 年，神會在河南滑台的無遮大會上，慧能的弟子菏澤神會辯倒了神秀門人崇遠、普寂，建立了南宗宗旨。

神會提出一個修正的傳法系統：「達摩大師傳一領袈裟以為法信授與慧可，慧可傳僧璨，僧璨傳道信，道信傳弘忍，弘忍傳慧能，六代相承，連綿不絕。」最終使得南宗成為中國禪宗正統。

## 【旁注】

· **三乘**：即「聲聞乘」、「緣覺乘」、「菩薩乘」。聲聞乘
又名小乘，緣覺乘又名中乘，菩薩乘又名大乘。在佛教
看來，聲聞的目標是使自己從這個苦痛的世界中解脫出
來，實現煩惱的熄滅；緣覺是那些透過修行、契入事物
互即互入之本質而開悟的人；在菩薩乘中，你要幫助所
有的人開悟。

· **玉泉寺**：中國著名古剎，位於湖北省當陽市，坐落於綠
樹叢林的玉泉山東麓。592 年由隋代智者大師奉詔在此建
寺，建好後，隋文帝賜額「玉泉寺」。唐初，玉泉寺與浙
江國清寺、山東靈岩寺、江蘇棲霞寺並稱「天下四絕」。
宋代擴建後改為「景德禪寺」。明初，恢復「玉泉寺」名
號。

· **中書令**：中國古代官名。漢武帝時以宦官擔任中書，稱
中書令，職責是幫助皇帝在宮廷處理政務，比如傳宣詔
命等。中書令、尚書令在西漢並置，由士人擔當。司馬
遷以太史公的身分擔任中書令，朝位在丞相之上，是中
國歷史上第一位中書令。

· **唐中宗**（656 年～ 710 年）李顯，原名李哲，唐高宗李
治第七子，武則天第三子。章懷太子李賢被廢，立為皇
太子。705 年即位。在位期間，恢復唐王朝舊制，免除

租賦，設十道巡察使，置修文館學士，發展與吐蕃的經濟、文化交往，實行和親政策。唐中宗前後兩次當政，共在位 5 年半。

· **定慧**：佛教教義，指學佛者必須修持的 3 種基本學業：戒、定、慧。其意思是說，防止行為、語言、思想三方面的過失為戒；收攝散亂的心意為定；觀察照了一切的事理為慧。

· **坐禪**：佛教修持的主要方法之一，就是趺坐而修禪。佛教講因緣，即內因，外在條件，因此，要想坐禪有成就，對初學者，要有個好的因緣。最要緊的，一要發願堅持修練，二要持戒 --- 最基本的「不邪淫」一定要遵守。同時戒除一切不良生活習慣。坐禪也是民間愛好佛學者理療、養生、悟道的一種修練方式。

· **根器**：佛教教義名詞，指先天具有接受佛教的可能性。植物之根能生長枝乾花葉，器物能容物，然所生所容，有大小、多寡之不同；修道者能力亦有高下，故以根器喻之，俗謂學道者為有根器即此義。「根」比喻先天的品行，「器」，比喻能接受佛教的容量。

· **長安**：西安的舊稱，從西周到唐代先後有 13 個王朝及政權建都於長安，是中國歷史上歷時最長，建都時間最早，朝代最多的古都，是中國歷史上影響力最大的都

城。列中國四大古都之首，也是中華文明的發揚地、中華民族的搖籃、中華文化的傑出代表。

· **五經**：儒家經典，指的是《詩》、《書》、《禮》、《易》、《春秋》。「五經」通常和「四書」連在一起使用。「四書」指的是《論語》、《孟子》、《大學》和《中庸》。「四書」之名始立於宋代，「五經」之名始稱於漢武帝時。

· **王維**（701 年～761 年；699 年～761 年）唐代河東蒲州即今山西運城人。唐代著名詩人、畫家，字摩詰，號摩詰居士，世稱「王右丞」，因篤信佛教，受禪宗影響很大，有「詩佛」之稱，存詩 400 餘首，代表詩作有《相思》、《山居秋暝》等。

· **唐玄宗**（685 年～762 年）李隆基，唐代在位最久的皇帝。在位前期注意撥亂反正，任用姚崇、宋璟等賢相，勵精圖治，創造了唐王朝的極盛之世，史稱「開元盛世」。在位後期寵愛楊貴妃，寵信奸臣，導致了後來長達 8 年的「安史之亂」。

【閱讀連結】

慧能不認識字。神秀的門人經常譏諷慧能不識一字，沒有什麼長處，說「能大師不識一字，有何所長？」但神秀本人並不是如此說法，他告訴徒眾說：「慧能大師得無師之智，深悟上乘，吾不如也。」由此可見，神秀大師虛懷若谷，他對六祖的禪法更是肯定和推崇。

慧能對於神秀也是十分尊崇。如，神秀大師曾派弟子志誠去親近他，他曾經這樣對志誠說：「汝師戒定慧，接引大乘人；吾之戒定慧，接最上乘人。彼此悟解不同，見有遲疾。」言下之意就是，悟道都是一樣的，只是前後略有差別而已。

# 道一開闢禪宗新境界

　　南北宗之爭，雖然一時間激烈，但持續沒有多長時間，北宗神秀一派，自創始人神秀之後，不久即衰落。而南宗在後世卻保持了綿延不絕的發展態勢，成為禪宗的主流。

　　慧能門下有眾多弟子，著名的弟子有南嶽懷讓、青原行思、石頭希遷、菏澤神會、南陽慧忠、永嘉玄覺，形成禪宗的主流。其中，以南嶽、青原兩家弘傳最盛。

　　南嶽懷讓，俗姓杜，金州，即後來的陝西安康人，從小就喜歡閱讀佛經。有一天，來了一位玄靜法師對懷讓的父母說：「這孩子相貌超然，出俗不染，實在是不可多得的法器，這孩子如果能夠出家的話，將會有所成就，而且可以廣度眾生。」

　　在玄靜法師的引導之下，527 年，15 歲的懷讓，在荊州玉泉寺弘景律師座下出家。532 年，滿 12 歲的懷讓受具足戒。

　　弘景律師是當時負有盛名的律宗學者，指示懷讓用心研讀律藏。每日鑽研文字般若的少年懷讓，不免感嘆：「夫出家者，當為無為法，天上人間，無有勝者。」

　　同門坦然法師了解懷讓的志氣超邁，於是勸懷讓一同前往拜謁深受隋煬帝和唐高宗尊崇的嵩山慧安大師。

　　慧安大師是五祖弘忍大師的門徒，五祖圓寂後，慧安大師來到中嶽嵩山，便在此處定居，遁世離俗。懷讓和坦然法

師在頂禮慧安大師後，直接說明來意，請教佛法的大義。

在一番請益後，坦然法師當下明了真心，認為惠安已經了解透徹。而懷讓禪師的機緣還不具足，慧安大師知懷讓將來定為禪門高僧，所以指點他到曹溪參禮六祖大師，習學無上心法。

懷讓遂南下，跋山涉水，來到曹溪寶林寺，面見六祖，至誠禮拜。六祖即問：「你從何處來？」

懷讓回答：「我從嵩山來。」雖然這是從事上次答，但「嵩山」可能表事，也可能表理。

為了更進一步測驗他是不是開悟了，六祖接著問：「嵩山像什麼樣子？你從嵩山的那個方向來？」

懷讓回答：「嵩山沒有形象，什麼都不像。能說出個形象，就不是嵩山真正的相貌。」

懷讓所回答的嵩山，顯然不是以嵩山的形體、事相來回答，而是指他的心境。

六祖大師為了再進一步勘驗，又問：「還可修證嗎？」

懷讓馬上不假思索地回答：「這念心非關修證，亦無法汙染。」

六祖大師欣喜，說：「只此不染汙的這念心，即是諸佛之所護念。你是這樣，我也是這樣的。」

六祖接著又說：「在你門下將出一匹馬駒，這馬駒一出

世，便會踏殺天下人。這件事情你要牢牢記在心裡，不要急著說出來。」

得到印證的懷讓禪師，留在六祖身邊侍奉。713 年，六祖入滅一年後，懷讓才離開寶林寺來到南嶽衡山般若寺，弘揚佛法，開創了南嶽一系，世稱南嶽懷讓。

一日，衡山來了一個名叫道一的和尚，他不看經，不問法，終日坐禪。懷讓禪師知道這位年輕法師可為法門龍象，一日上前詢問：「大德坐禪，圖什麼？」

道一回答：「圖成佛。」

懷讓禪師便就地取了一塊磚，在大石上不斷地磨著。許久之後，道一問道：「磨磚要作什麼？」

懷讓禪師回答：「我要把磚磨成鏡子。」

道一又問：「磚頭怎能磨成鏡子？」

禪師答說：「磨磚既無法成鏡，難道坐禪就能成佛嗎？」

道一接著問：「應該如何才是？」

禪師說：「就像讓牛駕車，車不動了，應該打車，還是打牛呢？」

接著又說道：「你學坐禪，是為了學坐佛嗎？如果是學坐禪，禪非坐臥；若學坐佛，佛非定相。於無住、無為的心法，不應生取捨分別。你若執著佛由禪坐而得成就，就是誤解佛法，執著禪坐之相，不能通達佛法究竟的道理。」

道一法師聽到懷讓禪師這樣的開示，一下頓悟，對懷讓禪師再三恭敬禮拜。從此不離懷讓左右，前後共達 9 年，在這裡他度過了青年時代。

　　道一禪師 33 歲時，前往福建和江西，開始了他以後大半生開堂說法，開始了大宗的「祖師」生涯。

　　742 年，道一在建州建陽即今福建建陽的佛跡嶺收了志賢、慧海等弟子，這是他開堂說法之始。當時條件艱苦，道一篳路藍縷，自創法堂，他在佛跡嶺為時很短，也就大約一兩年的光景。

　　大約在 745 年，道一前往江西臨川西里山。此後，他在南康即今江西南康縣龔公山居住時間更久，約 20 餘年。

　　唐代宗時的 773 年，道一移居鐘陵即今江西省進賢縣開元寺，地近洪州即今南昌，此後即以洪州為中心弘傳佛法，直至圓寂。

　　在當時，人們稱道一的禪法為「洪州禪」，稱該派係為「洪州宗」。由於道一俗姓馬，人們便尊稱他為「馬祖」。

　　道一禪師每到一地總是開創禪林，聚徒說法，廣泛交納，在他之前，禪宗沒有獨立的寺廟，都皈依在律宗寺院內。道一率領門徒，開墾荒山，另建叢林。他的弟子百丈禪師制定禪院制度，確立禪宗獨立的生活制度，禪宗從此完全獨立。

佛法無邊—禪學弘傳

馬祖道一上承六祖慧能，下啟後期禪宗臨濟派、溈仰等派的先河，是中期禪宗最主要宗派祖師。作為南嶽懷讓的嫡傳弟子，馬祖道一在思想上最重要的基礎是六祖慧能「即心即佛」傳承。

馬祖道一教導弟子們：「你們要相信自心是佛，此心就是佛心，心外無別佛，佛外無別心。達摩祖師從天竺來到中華，傳上乘的一心之法，就是要你們覺悟到這些。」

馬祖道一最初是完全繼承了慧能以來的思想。但由於「即心即佛」只能接引上上根人，可眾生根基千差萬別，鑒於此，道一祖師又提出了「非心非佛」說。從兩個方面來說，眾生的心性與佛性無異。

一天，有一位大德問道一：「即心是佛又不得，非心非佛又不得，師意如何？」

道一答曰：「大德！且信即心是佛便了，更說什麼得與不得。」

道一有個弟子叫法蒂，聽說「即心即佛」，頓時大悟，後來去了大梅山。道一想了解他領悟的程度，就派人去試探。

派去人問法蒂：「和尚在馬師那裡得到了什麼？」

法蒂說：「馬師教導我即心即佛？」派去人又說，「近來馬師又有所變化，說『非心非佛』了。」

法蒂斷然回答：「這老漢惑亂人，未有了也，任汝非心非

佛，我只管即心是佛。」

派去的人回來稟告道一。道一聽後欣喜地說「梅子熟也」。

這種肯定，是以「平常心是道」表現的。這是道一佛性思想的邏輯的終點，也是道一晚年的定論。

所謂「平常心是道」，道一自己有解釋：若欲直會其道，平常心是道。何謂平常心？無造作、無是非、無取捨、無斷常、無凡聖……只如今行住坐臥，應機接物，儘是道，道即是法界，乃至河沙妙用，不出法界。

道一門下弟子眾多，《景德傳燈錄》謂「師入室弟子一百三十九人，各為一方宗主，轉化無窮。」六祖慧能的後世，以道一的門葉最繁榮，禪宗至此而大盛。

789年，道一登建昌石門山，經行林中託付後事，於同年2月4日圓寂，享年80歲。唐憲宗諡其號為「大寂禪師」。道一的言行，後人輯有《馬祖道一禪師語錄》、《馬祖道一禪師廣錄》各一卷。

## 【旁注】

· **法器**：又稱為佛器、佛具、法具或道具。凡是在佛教寺院內，所有莊嚴佛壇，以及用於祈請、修法、供養、法會等各類佛事的器具，或是佛教徒所攜帶的念珠，乃至

錫杖等修行用的資具,都可稱之為法器。法器一般可分為莊嚴具、供佛器、報時器、容置器、攜行器及密教法器等 6 種。

· **律宗**:中國佛教宗派之一。因著重研習及傳持戒律而得名。實際創始人為唐代僧人道宣。因依據無德部、薩婆多部、彌沙塞部、迦葉遺部、婆粗富羅部這 5 部律中的《四分律》建宗,也稱四分律宗。又因創始人道宣住終南山,又有南山律宗或南山宗之稱。

· **衡山**:中國五嶽之一,位於湖南衡陽南嶽區,被稱為南嶽衡山。南嶽是道教主流全真派的聖地。由於氣候條件好,處處是茂林修竹,終年翠綠;奇花異草,四時飄香,自然景色十分秀麗,因而又有「南嶽獨秀」的美稱。

· **唐代宗**(726 年～ 779 年)李豫,唐肅宗長子,唐朝第八位皇帝,762 年至 779 年在位。763 年,唐代宗平定了「安史之亂」,此後為求安定,大封節度使,造成了藩鎮割據,致使唐王朝的政治和經濟狀況進一步惡化。

· **大德**:源於梵文,敬稱詞。在印度,是對佛菩薩或高僧的敬稱。於諸部律中,凡指比丘眾,稱「大德僧」。在中國隋唐時代,凡從事譯經事業者,特稱大德。此外,統領僧尼的僧官,也稱大德。近代以來,「大德」一詞已被廣泛使用,凡是有德有行的人,不論出家、在家,都以

「大德」尊稱之。

‧ 《景德傳燈錄》：宋真宗年間僧人釋道原所撰的禪宗燈史。其書集錄自過去七佛，及歷代禪宗諸祖五家五十二世，共1,701人之傳燈法系。此書編成之後，宋真宗命楊億等人加以刊訂，並敕準編入大藏流通。此書在宋、元、明各代流行頗廣，特別是對宋代教界文壇產生過很大的影響。

【閱讀連結】

道一在教化過程中很有自己的見解和方法。有位僧人在道一面前作四畫：最上一畫長，下面三畫短。僧人說：「不能說『一畫』長，『三畫』短，除開這四個字，請和尚回答。」道一在地上作一畫，說：「不得道長短！」僧人頓悟。

道一的意思是說，進入禪境的人，是沒有長與短、大與小、好與壞、苦與樂等對立觀念的。一切現象變幻不已，沒有常態，當體驗到一切現象是不實在的東西時，便能從現象造成的「人我」、「是非」等混亂觀念中解放出來，從而獲得本體的寧靜。

# 希遷又開禪學新起點

慧能門下有個叫希遷的弟子很有名氣，也深得六祖慧能的賞識。希遷俗姓陳，端州高要即今廣東省高要縣人。

希遷年少時性格剛強好動，重承諾，敢作敢為。當時生活的鄉邑敬畏鬼神，多淫祀之風，祭祀時，多殺牛祭酒以祀神靈，每當此時，他即挺身而出，毀祠奪牛。一年之中，這種情況不知道發生了多少次。

希遷的故鄉地近新州和曹溪，曹溪是六祖慧能晚年生活的地方。希遷聞聽慧能的大名後，遂前往曹溪拜在了慧能門下。可惜不久慧能就告別人世。據說，在慧能即將圓寂前，有一小沙彌憂傷地近前問訊：「和尚百年後，當依附何人？」

六祖微微一笑，答以 3 個最簡潔的字：「尋思去！」這個小沙彌就是希遷，當時他只有 14 歲。

在失去了指引靈魂的導師後，希遷一度經歷了痛苦地徬徨求索時期，或「上下羅浮，往來三峽。」，或「每於靜處端坐，寂若忘生」，可以想像其精神渴求之迫切。

在六祖離世後，希遷一直想著「尋思去」這 3 個字，一天，他有所醒悟，遂前往吉州廬陵即今江西吉安青原山靜居寺，去找他的師兄行思禪師。

青原行思作為六祖門下年長弟子，本是希遷的大師兄，此時便義不容辭地擔起了師父的責任。希遷受六祖薰陶而來，

兼之極具慧根，故與行思見面後，問答之間，機辨敏捷。

當希遷初到青原山和行思見面時，行思問他從曹溪那裡帶來了什麼，希遷說，未到曹溪以前，原未曾失落過什麼。

行思再問，那麼為什麼要到曹溪去，他就說，若不到曹溪，怎知不失。在這番簡短的問答裡，可以窺見希遷直下承當，自信之切。聽到這樣的回答，行思不禁欣然稱道：「眾角雖多，一麟足矣。」

希遷在行思參學一段時間後，行思又遣他持自己的書信前往南嶽懷讓處，讓他在南嶽懷讓那兒在修行一番。希遷最後圓滿而歸。

因此，希遷少年時代受六祖薰陶後，青年乃至中年又得到了以上兩位「大師兄」的及時促進，可以說占盡天時地利，後來他得行思付法，終成師徒之名。

大約在 742 年，希遷辭別青原行思，來到南嶽，在此地一塊巨石上結庵而居。此後，他一直都活動於南嶽及其鄰近地區，人稱「石頭希遷」。

石頭希遷與馬祖道一被稱為「並世二大士」。希遷過的是一種沉思默想的哲人生活，他直承曹溪宗旨，以「明心見性」為思想基礎。他立宗的宣言是：

> 吾之法門，先佛傳受，不論禪定精進，唯達佛之知見。即心即佛，
> 心佛眾生，菩提煩惱，名異體一。汝等當知，自己心靈，體離斷

常，性非垢淨，湛然圓滿，凡聖齊同，應用無方，離心意識，三界
六道，唯自心現；水月鏡像，豈有生滅，汝能知之，無所不備。

在六祖慧能以下，南嶽、青原二系之分別，實際上就是以馬祖道一和石頭希遷明確奠定其思想理論為分水嶺的。

石頭希遷與慧能及馬祖道一顯著的不同之處是，他注意了廣泛的閱讀，接受前賢今人的思想，本來悟性極高，眼界胸襟也十分開闊，雖然僻處南方一角，但對於江東和中原流行的牛頭、華嚴諸家，對於佛教前賢著述以及道家和道教都頗有研究。

希遷著有《參同契》。「參同」二字，原出於道家，所謂「參」是指萬殊諸法各守其位，互不相犯；所謂「同」，意思是諸法雖萬殊而統於一元，以見個別之非孤立地存在。

希遷借用「參同」的意思，意在發揮他「回互」的禪法。所謂「回互」是指萬物互不相犯而又相涉相入的關係。而「契」這個字，意思是把這種思想導入禪觀，應用於日常生活。

在《參同契》中，希遷反覆闡明「一心」與諸法間的本末顯隱交互流注的關係，以見從個別的事上顯現出全體理的聯繫。這裡面有相互含攝的地方，也有互相排斥的地方。

希遷的門人頗多，著名的法嗣有藥山唯儼、天皇道悟、丹霞天然、招提慧朗、興國振朗、潭州大川、潮州大顛等。

唯儼在同門中最受希遷器重，希遷晚年付法給他。藥山唯儼傳法於雲岩曇晟，曇晟傳洞山良價，良價傳曹山本寂和雲居道膺。後曹山一脈中斷，賴雲居門下單傳，到了南宋而再興。

另一方面，天皇道悟傳龍潭崇信、崇信傳德山宣鑒、鑒傳雪峰義存而續傳於雲門文偃。義存的別系經玄沙師備、地藏桂琛而傳法於清涼文益，為五家中最後出的法眼宗的開祖。

文益再傳永明延壽，後者著有《宗鏡錄》100卷，導天台宗、唯識宗、賢首宗以歸於宗門，集禪理之大成。

延壽禪師又以禪來融攝淨土法門，開後世禪淨一致之風，尤為中國佛教從教、禪競弘轉入諸宗融合的一個重要轉折點，所有這一切，重要源頭皆為石頭希遷，可見其開宗立派之功。

## 【旁注】

· **祠**：原是同族子孫祭祀祖先的處所，後擴展為紀念偉人名士而修建的供舍，相當於紀念堂。這點與廟有些相似，因此也常常把同族子孫祭祀祖先的處所叫「祠堂」。祠堂最早出現於東漢末年，當時社會上興起建祠抬高家族門第之風，甚至活人也為自己修建「生祠」。由此，祠堂日漸增多。

· **麟**：即麒麟，中國傳統祥獸，神話傳說中，常作為神的座騎。雄性稱麒，雌性稱麟。麒麟與鳳、龜、龍共稱為「四靈」。有時，麒麟簡稱麟。麒麟深厚的文化內涵，在中國傳統民俗禮儀中，被製成各種飾物和擺件用於佩戴和安置家中，主太平長壽。

· **南嶽**：即衡山，中國五嶽之一，位於湖南衡陽南嶽區。南嶽是道教主流全真派的聖地。由於氣候條件好，處處是茂林修竹，終年翠綠；奇花異草，四時飄香，自然景色十分秀麗，因而又有「南嶽獨秀」的美稱。

· **中原**：是指以河南為核心延及黃河中下游的廣大地區，這一地區是中華文明的發源地，被古代華夏民族視為天下中心。古時，常也將這一地區稱為「中國」、「中土」、「中州」等。中原文明是中華文明的源頭，在中國歷史上具有不可取代的地位與作用，對中國古代文明和

世界文明，都產生了巨大的影響。

**南宋**：北宋滅亡後由宋室皇族在江南建立的政權。南宋雖
偏安於淮水以南，但卻是中國歷史上經濟最發達、古代科
技發展、對外貿易、對外開放程度較高的一個王朝。南宋
存在時間為 1127 年至 1279 年，與金朝、西遼、大理、
西夏、吐蕃及 13 世紀初興起的蒙古帝國為並存政權。

【閱讀連結】

馬祖道一、石頭希遷是同時代的人。石頭希遷年長
馬祖道一約 9 歲，馬祖道一先石頭希遷兩年化去，
兩人都是六祖而後的宗門巨匠。兩家雖師承宗風有
別，但所提持者畢竟同出一源。

馬祖道一和石頭希遷道義彌篤，親切無間，無絲毫
門戶之見，如丹霞天然初禮馬祖道一，但是馬祖道
一顧視良久，說道南嶽石頭乃汝之師，丹霞天然於
是前往投奔石頭希遷。他們有時由參學僧口裡暗通
消息，如石頭希遷問新到僧人從什麼處來，答曰從
江西來。又問見過馬大師否，答曰見過。石頭希遷
繼續問之，僧則繼續答之所知馬大師的有關情況。

# 百丈懷海禪師立清規

　　道一門下有一個叫懷海的弟子,深得馬祖的賞識。懷海俗姓王,福州長樂縣人,原籍太原,遠祖因西晉時期晉懷帝永嘉戰亂,移居到福州。

　　懷海早年在廣東潮陽西山從慧照禪師落髮,又到衡山依法朗受具足戒。因聽說馬祖道一在南康即江西贛縣弘法,於是就前往參學,成為道一門下首座。

　　懷海跟隨道一6年,得到馬祖的印可。和懷海同時跟隨馬祖參學的還有智藏、普願二人,他們各有所長,成為馬祖門下鼎足而立的三大士。

　　馬祖道一圓寂後,懷海前往洪州新吳即今江西奉新縣大雄山另創禪林。此地水清山靈,山岩兀立千尺許,故此號稱百丈山。百丈的住所更是斷岩絕壁,後人因此稱懷海的禪法為「百丈禪」。

　　懷海開法不久,四方禪客就雲集百丈山,其中以潙山靈佑、黃檗希運為上首,由是百丈叢林門風大盛。

　　懷海的禪學思想深得祖師慧能和師父馬祖道一的真傳,十分強調佛法就在各人心中,不假旁求;學佛就是要消除自心所受妄想的繫縛,明心見性,也就是證得佛法。

　　懷海從人的不受善惡、是非、欲念汙染的本心就是佛性的思想出發,認為讀經看教的關鍵在於會心,若無會心,只

是死記硬背，那麼縱使把佛經要典讀得滾瓜爛熟，也不算修行。

懷海主張眾生心性本來圓滿，主要不被妄想束縛，就與諸佛無異。根據這種思想，他修行的法門是「一切諸法並皆放卻」。有一天，有門下問什麼是大乘頓悟法要，懷海回答道：「一切都要放下，莫記、莫憶、莫緣、莫念，放捨身心，全令自在。」

懷海教誨徒眾的方法，與其師馬祖相似，常常運用打、笑、大喝等形式，隨機啟發門人開悟。他還特別喜歡在說法下堂時，大眾已經出去，卻呼喚大眾，等大眾回過頭來，卻問道：「是什麼？」他借這種方法提醒學人反省，人稱「百丈下堂句」。

馬祖創建叢林以後，懷海禪師融合大、小乘戒律，制定了禪院清規。清規對寺廟所有人員的職責、生活、禪院的種種事物都有詳細的規定。

在當時，中國的禪宗發展遇到兩大重要問題，第一是禪僧日益增多，卻無獨立的禪院，仍然與律寺雜居，於說法行道諸多不便。第二是寺院的土地和勞力來源都發生了困難，僧侶們面臨著如何生存下去的嚴峻形勢。在這種情況下，很多佛教宗派如法相宗、天台宗等，都不能適應形勢的變化而迅速沒落下去。

禪宗因為主張直指人心，見性成佛，不依靠豪華奢侈的堂殿、經像、法物，加上自六祖慧能大師以來，諸大師都不排斥生產勞動，甚至許多開山祖師都親自參加了生產勞動，所以比其他各宗派較能適應新形勢，因此在諸宗衰歇時禪宗反而獲得了大發展的機會。

與此同時，禪宗僧徒的實際生活、生產狀況與舊的教規、戒律發生了尖銳的衝突。舊教規和戒律極端輕視和排斥生產勞動，認為掘地、斬草、種樹等活動都是「不淨業」，僧徒若從事此類活動是違犯佛律的。這樣，舊教規舊戒律就成為禪宗發展的重大障礙。

懷海對禪宗面臨的形勢具有清醒而深刻的認識。他決心實行教規改革，為禪宗的發展掃清障礙。他提出：「我們修行的是大乘法，豈能受屬於小乘系統的戒律、教規所束縛？我們應該博采大小乘戒律規制的合理部分，根據需要，自己制定一套盡善盡美的新制度！」

懷海根據實際情況制訂出一系列切實可行的新規制。首先是創立獨立的禪院、禪寺，不與律寺混雜。禪院或禪寺中不立佛殿，只樹立法堂，此舉表示佛法不依賴言象，只靠師傅的啟發和僧人自身的體認。這是將慧能「不立文字，教外別傳」的主張制度化了。

懷海又努力調整叢林中師徒、同門間的關係，打破了舊

寺院中尊卑、貴賤分明的等級結構，令僧徒不論高下，盡入僧堂。堂中設長連床，施橫架掛搭道具。又規定悟道最深、德高望重的禪僧為化主，稱為長老；獨住一室，稱為方丈。

長老說法時，僧徒在法堂分列東、西兩行立聽，賓主問答，激揚宗要。僧徒排列的次序，唯由出家時間即僧齡而定，不問出家前的貧富貴賤。這些內容屬於生活和修行參學方面。

在生產方面，自長老以下，不分長幼普遍參加生產勞動，提出「一日不作，一日不食」的口號，並身體力行，「凡作務執勞，必先於眾」。

實行「一日不作，一日不食」這一制度，徹底否定了舊戒規輕視勞動、反對僧人勞動的內容，使僧徒勞動變成必要和光榮的事，從而開闢了一條農禪結合的道路，使禪宗迎來了更大的發展，也使各地禪僧分佈的丘陵地和淺山區得到了很好的開發。

關於禪院事務的種種規定，懷海將它們編為一書，稱為《百丈清規》。這一清規在百丈叢林推行開後，天下禪僧紛紛仿效，很快風行於全國。

懷海禪師制定的 20 條叢林要則如下：

叢林以無事為興盛；修行以念佛為穩當；精進以持戒為第一；疾病以減食為湯藥；煩惱以忍辱為菩提；是非以不辯為解脫；留眾以老

成為真情；執事以盡心為有功；語言以減少為直截；長幼以慈和為進德；學問以勤習為入門；因果以明白為無過；老死以無常為警策；佛事以精嚴為切實；待客以至誠為供養；山門以耆舊為莊嚴；凡事以預立為不勞；處眾以謙恭為有禮；遇險以不亂為定力；濟物以慈悲為根本。

懷海門下有四五百人，每個人都要遵照清規工作、生活。懷海禪師以身作則，帶頭踐行「一日不作，一日不食」的制度，門下個個都是自動自發，共有共享，同甘苦，共患難。

懷海禪師透過禪門清規，從組織體制、生產方式和生活方式上保證了禪宗的發展和繁榮，從實行方面保證了禪學的發展，價值和意義非常重大。

懷海禪師所立《百丈清規》，是中國禪宗叢林文化的縮影，是中國禪宗的一面旗幟，也是中國禪歷久不衰的一個保障。現今佛教叢林所實行的制度，就是依佛戒和《百丈清規》及當地情況而制定的制度。

## 【旁注】

· **晉懷帝**（284 年～ 313 年）司馬熾，字豐度，西晉的第三代皇帝。306 年為帝，第二年改年號為「永嘉」。晉懷帝即位之後，遵循舊制，與群臣到太極殿，使尚書郎讀時令，又在東堂聽群臣議論政事。在宴會時，也常與群官討論政務考證經書典籍。

- **印可**：「印」的意思是決定無疑。「印可」即認可、許可的意思。佛教一般用「三法印」，即 3 種決定之義判別是佛法還是「外道」。在禪門，門人是否開悟，要由禪師印可。佛或祖師在印可弟子、學人時，常稱「如是如是，如汝所說」。

- **戒律**：宗教禁止教徒某些不當行為的法規，以防止行為、語言、思想三方面的過失。指有條文規定的宗教徒必須遵守的生活準則，如佛教有五戒、十戒、二百五十戒等類。道教亦有五戒、十戒、一百八十戒等類。後也泛指其他成文或不成文的戒條。

- **法相宗**：中國佛教 13 宗之一，又作慈恩宗、瑜伽宗、應理圓實宗、普為乘教宗、唯識中道宗、唯識宗、有相宗、相宗、五性宗。廣義而言，泛指俱舍宗、唯識宗等以分別判決諸法性相為教義要旨的宗派然一般多指唯識宗，或以之為唯識宗之代稱。法相宗的宗祖是唐代僧人玄奘。

- **小乘**：也叫做「小乘教」、「小乘教法」，略稱「小乘」，是對三乘佛法中「聲聞乘」、「緣覺乘」的統稱。「乘」是梵文的意譯，指運載工具，比喻佛法濟渡眾生，像舟、車能載人由此達彼一樣。小乘佛教又稱上座部佛教。

- **清規**：佛教中僧尼必須遵守的戒規。中國禪宗寺院組織

的規程和寺眾日常行事的章則，也可說是中世以來禪林創行的僧制。後引申為：謂供人遵循的規範；指佛教或道教規定信徒應守的清規。今亦泛指一般的規章制度，多含貶義。

【閱讀連結】

懷海禪師把禪學運用於勞動實踐，踐行「一日不作，一日不食」的制度，到了 90 多歲的高齡，還和弟子們一起勞動。大家不忍心看他太勞累，就把他用的扁擔、鋤頭等工具藏了起來。

懷海禪師無可奈何，只好以絕食抗議，一連 3 天他沒有下地，也一連 3 天也沒有吃東西。弟子們沒有辦法，只好把工具還給他，他又高高興興和大姐一道種田、吃飯、生活。「一日不作，一日不食」的制度成為禪院精神，懷海也由此成為叢林的楷模。

# 趙州禪師觀音院弘法

　　禪宗六祖慧能大師之後第四代傳人叫趙州禪師。趙州禪師俗姓郝，曹州郝鄉人，幼年時孤介不群，厭於世樂，稍稍大些就辭別雙親，來到本州扈通院落髮出家，法號從諗。後來聽說池州南泉普願禪師道化日隆，他便以沙彌的身分，前往參禮。

　　在南泉，普願禪師一見從諗，便問：「近離什麼處？」

　　從諗答道：「瑞像院。」

　　南泉禪師又問：「還見瑞像麼？」

　　趙州答道：「不見瑞像，只見臥如來。」

　　南泉禪師一聽，便翻身坐起來，問道：「汝是有主沙彌，還是無主沙彌？」

　　從諗道：「有主沙彌。」

　　南泉禪師道：「哪個是你主？」

　　從諗於是走上前，躬身問訊道：「仲冬嚴寒，伏唯和尚尊候萬福。」

　　透過交談，南泉普願禪師知道從諗是個不可多得的法器，遂收他為入室弟子。

　　後來，從諗前往嵩岳琉琉壇受了具足戒，之後，又重新返回南泉普願禪師座下。

　　有一天，從諗入室問南泉禪師：「如何是道？」

南泉禪師道：「平常心是道。」

從諗又問：「還能有所趨向嗎？」

南泉禪師道：「擬定趨向就背離了道。」

從諗又問：「不擬定趨向，怎麼知道什麼是道？」

南泉禪師告訴從諗：「道不屬於知的範疇，也不屬於不知的領域，知是妄覺，那不疑之道的境界，就如大虛，廓然蕩豁，哪裡還有是與不是的分別呢！」

從諗言下大悟，從此通徹玄機。在南泉普願禪師參學期間，從諗朝夕請益不倦，道業突飛猛進。

後來，從諗離開南泉，開始了漫長的遊方生涯，他的足跡遍及南北諸叢林，並與許多禪門大德有過機鋒往來。他曾經自謂云：「七歲孩兒勝我者，我即問伊；百歲老翁不及我者，我即教伊。」

正是在南北廣泛體驗的過程中，從諗度過了他一生中大部分的時光，迸發出大量雋永瑰奇的禪語。這些禪語在其產生的當時，即隨著禪僧們的流動而四外散播風行開來。

唐宣宗大中年間的 857 年，從諗禪師 80 多歲以後，才來到河北趙州觀音院，即後來的柏林禪寺，駐錫傳禪，時間長達 40 年，僧俗共仰，為叢林模範，被稱為「趙州古佛」。

趙州禪師證悟淵深，在接引信眾的過程中，為後人留下了不少意味深長的公案。這些公案比較完好地保存在《趙州

禪師語錄》中。

趙州禪師有句禪話：「佛是煩惱，煩惱是佛。」

有學僧不理解，要求禪師解釋。趙州禪師答：「為一切眾生煩惱！」

學僧又問：「如何免除煩惱？」

趙州禪師答：「免除煩惱做什麼？佛是煩惱，煩惱是佛。煩惱是修道成佛的緣起，佛由煩惱而生。」

一天，趙州的侍者文遠和尚在殿裡禮佛，趙州用手杖打他一下，問：「你在幹什麼？」

文遠答道：「禮佛。」

趙州問：「禮佛做什麼？」

文遠不免有些不解，遲遲疑疑地說：「禮佛也是好事情。」

誰知趙州說：「好事不如無。」在趙州看來，煩惱是病，佛道也是病，禮佛雖然是好事，但執著於此就是壞事了。所以他才說好事不如無。無心，無事，才是真正的好事。

有一次，一個僧人請教趙州：「初生的孩子也具有六識？」「六識」是指眼、耳、鼻、舌、身、意等對外界的見、聞、嗅、味、觸、思等作用。

趙州隨即回答道：「急水上打毬子。」

這個僧人不明白這句話的意思，就又問另一位高僧。高僧告訴這個僧人：「唸唸不停留。」

趙州禪師居住趙州觀音院 40 年間，成德軍節度使王熔，世居鎮州即今河北正定，朝廷封為趙王。王熔多次請求趙州去節鎮府，而每次趙州都以疾病為由推脫。後經王熔一再懇求，趙州才去了一次。

王熔深感慶幸，急於營建一座寺院來供養禪師。趙州制止他說：「如果你動了一根草，我馬上就離開。」

王熔將趙州的功德言行上奏朝廷。唐昭宗下詔書，賜紫袈裟和「真際大師」的稱號。弟子們群情歡悅，但趙州禪師卻不以為然。

相傳，趙州禪師居住的觀音院有座著名的趙州石橋。有個僧人專程前來瞻仰，他看了又看，只見到一根獨木橋。這個僧人找到趙州禪師，對趙州說：「我很早就嚮往趙州石橋，不知它在哪裡？」

趙州禪師對他說：「你用眼睛是看不到趙州石橋的。」

那個僧人又說：「請告訴我它到底是什麼樣子？」

趙州說：「它渡驢、渡馬、渡一切眾生。」在趙州眼裡，趙州石橋實際上指的是趙州的慈悲，它可以渡一切生靈。

趙州禪師雖然道譽四布，但他的生活卻十分樸素清貧。他的「繩床一腳折，以燒斷薪用繩繫之」，他就是在這種艱苦的生活環境中弘傳祖師心印，接引四方學人。

趙州禪師的許多公案不僅啟悟了當時的許多禪僧，而且

流傳後世，對後面的禪人也有所啟迪。從宋代開始，中國禪門盛行以「參話頭」為方便的話頭禪，趙州禪師的公案語錄最頻繁地為人們所參究，許多人在趙州語錄的啟發下明心見性。

## 【旁注】

· **扈通院**：扈通院為山東菏澤地區一所規模較大的寺院，魏晉時代已經建立寺院，出現了一大批佛學大師，其中以晉代的智朗禪師和唐代的趙州禪師最為著名。

· **唐宣宗**（810年～859年）李忱，唐王朝第十八位皇帝，在位時間為共13年。唐宣宗性明察沉斷，勤於政事，孜孜求治，喜歡讀貞觀政要，整頓吏治，限制皇親和宦官，恭謹節儉，惠愛民物，創大中開明之政，迄於唐亡，人思詠之，謂之小太宗。

· **公案**：本義為官府中判決是非的案例。在佛家中，禪宗將歷代高僧的言行記錄下來，作為坐禪者的指示，久而久之也成為一種思考的對象，或修行坐禪者的座右銘。佛家的獨得的公案是成為禪的基本的主動體，因此它是理解禪意的重要途徑。

· **節度使**：中國古代官名。唐代開始設立的地方軍政長官。因受職之時，朝廷賜以旌節，故稱之為節度使。節度使集

軍、民、財三政於一身，又常以一人兼統兩至三鎮，多者達四鎮，於是外重內輕，到天寶末釀成「安史之亂」。

· **詔書**：皇帝佈告天下臣民的文書。在周代，君臣上下都可以用詔字。秦王嬴政統一天下建立君主制國家後，自以為「德兼三皇，功高五帝」，號稱皇帝，自稱曰朕，並改命為制，令為詔，從此以後，詔書便成為皇帝佈告臣民的專用文書。

· **話頭禪**：宋代以後流行的禪修方法，主要是訓練人的心靈，透過看話頭的方式使內心獲得寧靜和專一，進入定境，開發智慧。「話」是語言，「頭」是根源。話頭是對生命的問題追根究底，幫助修行者打破慣常的邏輯，直悟生命的本來面目。

**【閱讀連結】**

趙州禪師是個看輕世俗的高僧，一次，成德軍節度使王熔帶領部下來拜見他。禪師坐在禪床上與他們相見，並且先問：「你明白我的意思嗎？」王熔回答說「不明白。」禪師見王熔未明其意，於是，轉而解釋說：「自小持齋身已老，見人無力下禪床，請別見怪。」王熔非但不見怪，反而於次日派一位將軍前往贈送禮品。禪師聽說後即下床相迎受禮。

事後弟子們不解，就問趙州禪師：「大王來時，你不

下床，大王的部下來時，你卻下床相迎，這是為什麼？」趙州禪師對弟子們說：「你們有所不知，人分上中下三等，但並非以身分而論。上等人來時，禪床上應對；中等人來時，下禪床接待；末等人來時，要去山門外迎接。」

# 禪學對其他文化的影響

禪學對中國傳統藝術的影響，遠比其他傳統宗派廣泛和深刻。它作為一種相對獨立的思想體系，對儒家、道家文化，以及園林、音樂等藝術領域，均產生了相當大的影響，並且豐富了中國佛教的內涵。

禪宗在唐時，達到了全面的興盛，一時間禪風大作。唐宋時期，士大夫等知識分子競相探討禪學，研究心性之學。

唐宋八大家之一的柳宗元，本是一介大儒，但其出入禪門甚密，並曾為六祖寫了《曹溪第六祖賜諡大鑒禪師碑》的銘。大詩人白居易曾問道於鳥窠禪師。宰相裴休曾依黃檗大師學禪。

唐朝著名詩人、畫家、書法家王維，由於對禪法領悟至深，使其山水畫意境幽遠，禪味甚濃，後人對他的畫風讚譽備至，認為他是畫界南宗的祖師。

深諳禪理的王維，把自己對禪宗的修學和體驗與詩畫創作成功地結合了起來，使其畫、詩都充滿了空寂靜遠而又富有靈韻的禪的風格。

　　王維的畫風突破了過去細線勾描的畫法，而改用潑墨山水的方法，別有一種清雅灑脫的自然情趣，使筆法更加豐富，意境更為深遠。

　　王維所作的《輞川圖》等，山谷鬱鬱，雲水飛動，靜寂淡遠而又空靈。他的許多畫都有著很深的意境。

　　王維的有些畫作，不問四時，以桃、杏、芙蓉、蓮花同入一幅，包蘊著一種深刻的禪理。

　　宋代大詞人蘇軾曾與了元禪師過從甚密，並受到了元禪師不少的啟發。他的弟子黃庭堅曾參黃龍祖心禪師，並曾在禪師指點下悟人，成為其法嗣弟子之一。

　　蘇軾與黃庭堅都躋身於唐宋八大家，但他們游心禪觀，具有較高的禪學修養，這影響到了他們的風格，從而使他們的作品具有更高的藝術價值，影響了後世文學的發展。

　　宋朝時，受禪宗的影響，儒家出現了理學思想，代表人物是程顥、程頤、朱熹和陸象山。

　　宋代理學家主張要使學問與道體合一，提倡「主敬存誠」。理學較為注重師承，他們都以孔孟之學作為儒家「心學」而宣揚，這實際上是受中國禪宗重視師承、以心傳心的

思想影響。

　　另外，受禪門公案語錄的影響，在理學界，也產生了學案與語錄等文體，根據彼此對理學的理解不同，分立門戶。

　　禪宗的坐禪觀心學說，也對理學產生了一定的影響。元朝理學已成沒落之勢，迨至明朝，出現了一位重振理學的大儒王陽明，初習佛法天台止觀，參過禪。

　　理學的「格物致知」的思想，與禪法相近。因為禪學認為，心性是無是無非的，無善無惡的，關鍵在於意識的善惡，既然能夠知道區分善惡，那麼就應該做好工夫，去惡揚善。這一理學思想，對於後世的儒學影響很大。

　　唐宋以來，道家文化與禪宗之間，一直是在相激相蕩，互相滲透的格局中，道家文化由此而更加博大精深。在禪宗與道家相互影響的過程中，呂洞賓可以算是將道家文化與禪學相互溝通的一位重要人物。

　　呂洞賓先前修身之法已爐火純青，後經禪師指點心性，才徹底獲得解脫。道家以金丹為方便，以登真而證仙位為極則。正統的丹道學術，皆指禪定過程中種種覺受境界。

　　呂洞賓悟道以後，強調了上品丹道應以心身為鼎，天地為爐的金丹大道修練，進而與禪宗心法合參，最終以禪宗圓頓之旨為其皈依這一禪化的道家思想。所以，呂洞賓參禪而悟，對後世的道家思想產生了較為深遠的影響。

後世張紫陽的《悟真篇》、白玉蟾的《指玄集》，皆以禪語傳授丹道，直陳心法。

禪宗的叢林制度也對道家產生了一定的影響。宋元交替之時，道士丘處機師徒等，受禪宗的叢林制度影響，創立了全真教。

禪宗對道家的影響，還在於對心性學的探究。前期道家強調登仙之術，對於心性學少有提及。禪宗興起後，道家始知向上仍有「一著子」，之後歷代宗師皆游心於禪佛，對心性學則多有發明，從而構成了更為完善的道家文化。

中唐時期，禪宗美學的興起，將審美與藝術中主體的內心體驗、直覺感情等的作用，提到極高的地位，使之得以深化，並把禪宗思想融入中國園林的創作中，從而將園林空間的畫境昇華到意境。

從禪宗的觀點看，世間萬物都是佛法或本心的幻化。這就為園林這種形式上有限的自然山水藝術，提供了審美體驗的無限可能性，即打破了小自然與大自然的根本界限。這在一定的思想深度上，構築了文人園林中以小見大、咫尺山林的園林空間。

與皇家園林不同，充滿禪趣的文人園林多顯露出以小為尚的傾向。一方面表現在園林面積、規模的小型化上，如山向疊石、水向小池潭、花木向單株轉化，靜觀因素不斷增加，而自然景觀的可游性則相對降低。

另一方面則表現在立意於小。小中見大的創作手法在中國源遠流長的古代文化藝術中，應用十分廣泛。園林之佳者，如詩之絕句，詞之小令，皆以少勝多，以咫尺面積創無限空間，以小見大。

小是客觀的，指園林的面積；大是主觀的，指人的感受。大透過小而體現出來。在禪宗看來，規定性越小，想像的餘地就越大，因而少能勝多，只有簡到極點，才能餘出最大的空間去供人們揣摩與思考。

除了以小見大的創作方法之外，園林中的「淡」也是源於禪宗思想。園林的淡可以透過兩方面來體現。

一是景觀本身具有平淡或枯淡的視覺效果，其中簡、疏、古、拙等，都可構成達到這一效果的手段；二是透過平淡無奇的暗示，觸發你的直覺感受，從而在思維的超越中達到某種審美體驗。

禪學對中國傳統音樂的影響也非常大，它不僅在藝術表現內容、方式等方面，給音樂藝術帶來新鮮的經驗，而且在創作思想、審美情趣等深層文化心理結構方面，深刻地影響了中國的藝術家。

禪宗與道家、儒家一起，塑造了中國傳統音樂的美學特徵。

中國傳統音樂博大精深，又有眾多形式、流派、風格。中國傳統音樂美學，除與政治的緊密聯繫外，它的純審美的

要求,卻是有著相當穩固的一貫性的。

明末清初徐青山的《溪山琴況》,雖然是琴學專著,但他總結的「二十四況」,卻可以視為中國傳統音樂的全部審美要求。這「二十四況」是:和、靜、清、遠、古、淡、恬、逸、雅、麗、亮、采、潔、潤、圓、堅、宏、細、溜、健、輕、重、遲、速。除去幾個古琴的技法而外,幾乎適用於中國宮廷音樂、宗教音樂、文人音樂中的絕大部分,以及民間音樂中的一部分。

這種美學觀的確立,是禪宗思想與儒家思想一致要求的結果。禪宗音樂美學,與儒家音樂美學有著許多相似的地方,都把中正、平和、淡雅、肅莊作為基本原則。儒家的「樂」要為「禮」服務,音樂要服從政治;而禪師也把音樂視為弘揚佛法的舟楫,宣傳法理的利器。

中國的禪宗音樂家們,把大部分精力放在音樂所負載的內容上,多少忽略了音樂本身。因此,和、靜、清、遠這種中國傳統音樂藝術的審美情趣的誕生,不僅僅是某一思想體系的產物,也是儒、釋、道三家互相滲透、融合、妥協的共同產物。

此外,禪宗自性論,對中國傳統音樂藝術主體精神也產生了較大影響。

禪宗的「自性論」,強調個體的「心」對外物的決定作用,極大地激發了音樂家創作的主觀能動性。禪宗與音樂創

作之間存在著許多內在的聯繫，正是這種內在聯繫，形成禪對音樂的深刻影響，使之充滿了寧靜清遠的意味。

## 【旁注】

- **士大夫**：指官吏或較有聲望、地位的知識分子。士大夫是中國社會特有的產物，出現於戰國時期，在中國歷史上形成一個特殊的階層。他們是知識分子與官吏相結合的產物，是兩者的結合體。

- **唐宋八大家**：唐宋時期八大散文作家的合稱，即唐代的韓愈、柳宗元，宋代的蘇洵、蘇軾、蘇轍、歐陽修、王安石、曾鞏。唐宋文壇以他們的文學成就最高，流傳最廣，故稱唐宋八大家。

- **理學**：宋朝以後的新儒學，又稱道學，產生於北宋，盛行於南宋與元、明時代，清中期以後逐漸衰落，但其影響一直延續到近代。廣義的理學，泛指以討論天道性命問題為中心的整個哲學思潮，包括各種不同學派；狹義的理學，專指程顥、程頤、朱熹為代表的、以理為最高範疇的學說，即程朱理學。

- **格物致知**：中國古代儒家思想中的一個重要概念，是儒家專門研究物理的學科，源於《禮記·大學》。但《大學》文中只有此段提及「格物致知」，卻未在其後作出任

何解釋，也未有任何先秦古籍對此解釋，遂使「格物致知」的真正意義成為儒學思想的難解之謎。

· **呂洞賓**：原名呂岩，字洞賓，號純陽子，唐德宗貞時人，傳說中的道教仙人，也是傳說中的八仙之一，全真道祖師，鍾、呂內丹派代表人物。

· **丘處機**：字通密，道號長春子，金朝末年全真道道士。在道教歷史和信仰中，丘處機被奉為全真道「七真」之一，以及龍門派的祖師。

· **皇家園林**：在古籍裡面稱之為「苑」、「囿」、「宮苑」、「園囿」、「御苑」，為中國園林的四種基本類型之一。園林作為皇家生活環境的一個重要組成部分，形成了有別於其他園林類型的皇家園林。特點是經營規模宏大，氣勢恢宏，建築裝修富麗堂皇。

· **絕句**：又稱截句、斷句、絕詩，四句一首，短小精萃。它是唐朝流行起來的一種詩歌體裁，屬於近體詩的一種形式。絕句一詞最早在南朝的齊、梁時代就已出現。絕句分為律絕和古絕。律絕是律詩興起以後才有的，要求平仄。古絕遠在律詩出現以前就有了。

· **《溪山琴況》**：中國古琴美學史上最重要的著作，是一部全面而系統地講述琴樂表演藝術理論的專著，其內容乃是植基於儒道佛思想的影響下，以二十四況來論述古琴

的演奏技巧與美感意境，作者是明末清初作者徐祺。

- **古琴**：又稱琴、瑤琴、玉琴、絲桐和七絃琴，是中國的撥絃樂器，有 3 千年以上的歷史，屬於八音中的絲。古琴音域寬廣，音色深沉，餘音悠遠。自古「琴」為其特指，19 世紀 20 年代起為了與鋼琴區別而改稱古琴。初為 5 弦，漢朝起定製為 7 弦，且有標誌音律的 13 個徽，亦為禮器和樂律法器。

> **【閱讀連結】**
> 宋代，一些儒學家相繼用傳統的倫理觀點，對佛教進行批判。歐陽修的《本論》、李觀的《潛論》、孫復的《儒辱》都是當時排佛的代表作品。
> 而佛教則主張儒、釋、道三教一致。雲門宗的契嵩禪師作《輔教篇》，以佛教的「五戒」、「十善」會通儒家的「五常」。禪宗的一些心中概念，如「理事」、「心性」等，有時也用儒家的《中庸》來解釋，加之禪宗的修持趨於簡易，使一部分儒者在思想上、修養上都較多地受到佛教、特別是禪宗的影響。

一花五葉─禪宗門派

# 一花五葉 —— 禪宗門派

　　八祖慧能為禪宗的發展奠定了理論基礎，對於後來各派禪師建立門庭，影響極大。他門下有眾多弟子，在他們之下又形成不同的派別，被稱為五家七宗。

　　佛教傳入中國後，禪宗以達摩為祖，稱「一花」；後佛教禪宗在慧能的努力下發展演變為 5 個流派，即湖南的溈仰宗、河北的臨濟宗、江西的曹洞宗、廣東的雲門宗、江蘇的法眼宗，被稱為五葉。宋代僧人釋道原在其所著《景德傳燈錄》卷 28 中說：「一花開五葉，結果自然成。」這一花五葉見證了中國禪法的繁榮發展。

# 懷讓弟子創立潙山宗

南嶽懷讓一派在懷讓禪師之後數傳，形成潙仰、臨濟兩宗，其中潙仰宗成立最早，創建人是懷讓禪師的弟子靈祐禪師及其弟子慧寂。

靈祐禪師俗姓趙，福州長溪即今福建省霞浦人。15 歲時，依本州建善寺法常律師出家。3 年後，前往浙江杭州龍興寺受具足戒，並參究大小乘經律，尤其著力精研大乘佛法。

靈祐 23 歲左右時，逐漸認識到死鑽文字堆是難以證悟道果的，於是便出外雲游參訪，先到天台山巡禮了天台宗創始人智者大師的遺蹟。之後又來到江西泐潭寺，參禮馬祖弟子懷海，專心修習南宗禪法，深得懷海的器重，其位列參學眾人之首。

有一天，靈祐在懷海身邊侍立，懷海突然叫他撥一下火爐看爐中還有沒有火？靈祐撥爐灰看了看，回說：「無火。」懷海便親自過來細撥，只見深處仍然有小火，便說：「你說沒有，這不是嗎？」

靈祐內心一震，便向懷海禮謝並陳述自己的見解以求印證。懷海告訴他：

> 此乃暫時歧路耳。經云：欲見佛性，當觀時節因緣。時節既至，如迷忽悟，如忘忽憶。方省已物，不從他得。故祖師云：悟了同未

悟，無心亦無法。只是無虛妄，凡聖等心。本來心法，元自備足。
汝今既爾，善自護持。

這段話的核心大意是：佛性自在你心，未見到時，是因
緣尚未來到，因緣來到，自會領悟，不必求助他人。你現在
佛性已經具備，需要善加護持。靈祐當下開悟。

唐憲宗元和年間，靈祐遵照師父懷海的指令來到潭州大
溈山開闢道場。此處山深林密，虎狼常出沒，荒無人煙。靈
佑孤身隻影，生活極為艱難，僅靠採集野果野菜充饑度日。
即便如此，他「非食時不山，淒淒風雨，默坐而已，恬然畫
夕」，山下的民眾逐漸被他所化，紛紛前來歸依併合力建造
寺院。稍後，大安上座等僧人也陸續前來親近，常住人員越
來越多。

溈山僧眾越來越多，在此過程中，也得到了時任潭州刺
史、湖南觀察使的裴休的敬信與支持。由此，溈山弘法聲譽
大揚，學侶雲集。靈祐禪師在這裡弘揚宗風達 40 年之久，世
稱溈山靈佑。

靈祐禪師的禪法非常精要，對修行人具有綱領式的指導
意義。他主張直心、「情不附物」，以達到「無為」、「無事」
的解脫自在。

《維摩詰經》、《楞嚴經》等大乘經論中對直心都有明確
的教導。按照佛法看來，正道與直心相應，不與諂曲、虛偽

之心相合。靈佑禪師明確提倡「理事不二」的理念，對這個理念，他沒有作出特別精細嚴密的論證與闡述，而是直截了當地指點門人來把握理事圓融的關係，從而教人不要逃避現實生活中的人事，不要將出世間與世間打成兩截。

靈佑禪師告訴人們：無論面對的是怎樣的花花世界，身處其中的你都無須閉目塞聽，只要你具有一顆與中道相應的無著之心，那麼你就是「真如如佛」，行住坐臥儘是道，儘是般若風光。

靈祐禪師持行的是頓漸圓融的修行觀，《景德傳燈錄》記載，有僧問：「頓悟之人更有修否？」靈佑回答說：若真悟得本，他自知時，修與不修，是兩頭語。從中可以看出，靈佑禪師提倡頓悟漸修不相偏廢。

靈祐禪師收有眾多門人，人數最多時達到 1,500 人以上。溈山道場農禪並重，自給自足，法音遠播，在安頓流民，減輕國家負擔，穩定社會人心以及培養佛教僧才各方面都做出了不小的貢獻。

靈祐禪師在創立溈仰宗時，不僅師承百丈懷海禪師，而且有自己的突出貢獻，因此「言佛者天下以為稱首」。

靈祐禪師著有《潭州溈山靈佑禪師語錄》1 卷、《溈山警策》1 卷等。法嗣有仰山慧寂、徑山洪諲、香嚴智閒等，其中，慧寂於仰山繼續大力宣揚師風。

慧寂俗姓葉，韶州懷化人，9 歲時，他背著父母投廣州和
安寺，從不語通禪師出家。14 歲的時候，父母派人把他找回
家，強迫給他娶親。他堅絕不聽從，並砍斷自己的兩個手指
頭，跪在父母面前，發誓欲求正法，以報答父母養育之恩。

　　父母見他意志如此堅決，只好同意。於是，他又重新回
到不語通禪師座下，並得以正式落髮。

　　慧寂在還沒有受具足戒的時候，即以沙彌的身分，開始
遊方參學。先禮拜吉州耽源山應真禪師學法，不久，又參禮
溈山靈祐禪師。

　　據說，慧寂在初見到靈祐禪師時，靈祐禪師問：「汝是有
主沙彌，無主沙彌？」

　　慧寂禪師道：「有主。」

　　靈祐禪師又問：「主在什麼地方？」

　　慧寂禪師便從西邊過到東邊站立。靈祐禪師一見，便知
道他不同凡響。

　　慧寂禪師問：「如何是真佛住處？」

　　靈祐禪師回答道：「以思無思之妙，返思靈焰之無窮，思
盡還源，性相常住，事理不二，真如如佛。」

　　慧寂一聽，內心徹悟，從此以後，他便留在靈祐禪師座
下，執侍前後，盤桓長達 15 年之久。最終學得靈祐禪師的禪
法真諦。

後來，慧寂前往江西仰山承繼師尊靈佑禪師法脈，開法化眾，道譽天下。由於慧寂所傳禪法源出其師靈祐禪師，因此後人將靈祐禪師和慧寂開創的門派，稱之為溈山宗。

慧寂平時常以手勢啟悟學人，這種做法被稱為仰山門風。後來慧寂率領門人由仰山遷往江西觀音院，後樑貞明年間復遷韶州東平山，隨後示寂，謚號「智通禪師」。

溈仰宗的傳承，據《傳法正宗記》等資料，有傳記、語錄、事跡可考者約 99 人，其中溈山靈祐的得法弟子 44 人，仰山慧寂傳 10 人，主要傳承者有：香嚴智閒、南塔光湧、霍山景通、無著文喜、芭蕉慧清、黃連義初、芭蕉繼徹、潭州鹿苑等。

鄧州香嚴智閒禪師是靈佑禪師的法嗣。智閒禪師生得身材高大，博聞強記，又有謀略，但對世間功名毫無興趣。成年後，他即辭親出家，觀方慕道。

當時，懷海禪師尚在傳法，智閒禪師遂親往參學。智閒禪師性識聰敏，教理懂得很多。每逢酬問，他都能侃侃而談，但是，對於自己的本分事卻未曾明白。後來，百丈禪師圓寂了，他便改拜師兄靈佑禪師。

溈山禪師問道：「我聽說在百丈先師處，問一答十，問十答百。此是汝聰明伶俐，意解識想，生死根本。父母未生時，試道一句看。」

智閒禪師被靈祐禪師這一問，一時間茫然無對。

回到寮房後，他把自己平日所看過的經書都搬出來，可是翻閱了幾天，結果卻一無所獲。智閒禪師感嘆道：「畫餅不可充饑。」

絕望之餘，智閒禪師便將自己平昔所看的文字付之一炬，說道：「此生不學佛法也，且作個長行粥飯僧，免役心神。」

智閒禪師辭別溈山，四處行腳，他來到南陽慧忠禪師的舊址，並在這裡住下來，加以整拾。

一日，智閒禪師正在芟除草木，不經意拋起一塊瓦礫，恰好打在竹子上，發出一聲清脆的響聲，他忽然大悟。於是便急忙回到室內，沐浴焚香，遙禮溈山，讚歎道：「和尚大慈，恩逾父母。當時若為我說破，何有今日之事？」

他把自己的證悟寫一偈寄給溈山靈祐禪師。靈祐禪師看過後說：「此子徹也！」稱讚他開悟了。

南塔光湧禪師是慧寂禪師的法嗣，他依慧寂剃度出家。後北遊參學，曾禮謁過臨濟義玄禪師，不久又回到慧寂座下執侍。

南塔光湧禪師初參仰山慧寂禪師時，慧寂問他：「你來做什麼？」

光湧答：「來拜見禪師。」

慧寂又問：「見到禪師了嗎？」

光湧答：「見到了！」

慧寂再問：「禪師的樣子像不像驢馬？」

光湧說：「我看禪師也不像佛！」

慧寂繼續追問：「既不像佛，那麼像什麼？」

光湧從容回答：「若有所像，與驢馬有何分別？」

慧寂一聽，大為驚嘆，說道：「凡聖兩忘，情盡體露。吾以此驗人，二十年無決了者。子保任之。」

慧寂禪師常常指著光湧禪師，對其他人說：「此子肉身佛也。」光湧禪師後住仰山南塔，承襲法脈，普施法化。

文喜禪師俗姓朱，嘉禾語溪人，是慧寂禪師的法嗣。7歲時，他依本地常樂寺國清禪師落髮出家，學習戒律和經教。後拜慧寂禪師為師學習禪法。

為仰宗興起於唐末，繁盛於五代，慧寂以下四世，由於各種原因，特別是缺乏優秀人才，為仰一宗後繼無力，逐漸衰微了。

## 【旁注】

· **天台宗**：中國佛教宗派之一，創始人是陳隋之際的僧人智顗。因常住浙江天台山，故名。天台宗以《法華經》為主要教義根據。其教義主張一切事物都是法性真如的

顯現，以中、假、空三諦圓融的觀點解釋世界。智顗著的《法華玄義》、《摩訶止觀》、《法華文句》，被奉為天台三大部。

· **唐憲宗**（778 年～ 820 年）名叫李純，唐朝第十二位皇帝。即位以後，勵精圖治，重用賢良，改革弊政，力圖中興，從而取得了元和削藩的巨大成果，並重振中央政府的威望，史稱「元和中興」。

· **刺史**：中國古代官職名，漢初，漢文帝以御史多失職，命丞相另派人員出刺各地，於是產生了刺史這一官職。「刺」，檢核問事之意。刺史巡行郡縣，分全國為 13 州，各置部刺史一人，後通稱刺史。

· **沙彌**：梵語意譯，為求寂、息慈、勤策，即止惡行慈，覓求圓寂的意思。在佛教僧團中，指已受十戒，未受具足戒，年齡在七歲以上，未滿二十歲時出家的男子。如果是女子就稱為沙彌尼。

· **後梁**（907 ～ 923 年）五代十國之一，是五代的第一個朝代。907 年，梁王朱全忠篡唐稱帝，國號「大梁」，建都開封，史稱後梁，唐王朝正式宣告滅亡，中國歷史進入紛亂的五代十國時期。後梁共歷 3 帝，前後 17 年。因為皇帝姓朱，為與南北朝時的南梁相區別，故又稱朱梁。

· **諡號**：古代君主、諸侯、大臣、后妃等具有一定地位的

人死去之後，根據他們的生平事跡與品德修養，評定褒貶，而給予一個寓含善意評價、帶有評判性質的稱號。帝王諡號一般是由禮官議定經繼位的帝王認可後予以宣布，臣下的諡號則由朝廷賜予。

**南陽慧忠**（675 年～ 775 年）俗家名冉虎茵，法名釋慧忠，世稱南陽慧忠國師，唐代高僧，諡號大證禪師。博通經律，是禪宗六祖慧能門下的五大宗匠之一，與菏澤神會共同在北方弘揚六祖禪風。他備受唐玄宗、唐肅宗和唐代宗三朝皇帝的禮遇，受封國師。

**【閱讀連結】**

靈祐禪師在師父懷海禪師發明心地之後，前往湖南溈山開闢道場，其中因緣卻頗為奇特。

據說，當時有一位司馬頭陀來到寶峰山泐潭寺懷海處，提起溈風景的殊勝，認為那是一塊很適宜啟建大道場聚眾修持的寶地。司馬頭陀為眾人看相，認為包括懷海在內的常住僧眾中，唯有當典座，即負責廚房工作的靈祐才是溈山正主。為了讓大眾心服，懷海進行了一次考試，讓大家表達各人的佛法見地，以便擇優派遣。他手指淨瓶問：「不得喚作淨瓶，汝等喚作什麼？」當時，靈祐是以一腳踏倒淨瓶並徑直走出門去的出格做法，贏得了懷海的稱讚，當選為首座和尚。

# 義玄開啟臨濟宗弘法

懷海禪師門下有個叫希運的弟子，很是獨特，也很得懷海禪師的賞識。希運是福州人，自幼於江西高安的黃檗山出家。他本是慕馬祖道一之名前來禮拜，但是等他來到及江西準備見道一禪師時，道一禪師已經離世了，於是他就拜在百丈懷海的門下。

懷海起初對希運不甚了解，持保留態度，後見希運見解超邁，便寄予厚望。

希運跟隨懷海學法，最終悟得了道一禪師的禪法真諦，並得到懷海的印可。後來希運回到黃檗山，「四方學徒，望山而趣，睹相而悟，往來海眾常千餘人。」

希運禪師的禪學思想主要繼承了馬祖道一「即心即佛」的思想，而力倡「心即是佛」。在希運看來，悟道不需要透過外在的修習工夫，而只是人與道之間的「默契」，他說：「學道人直下無心，默契而已。」這便是無為法門，能悟得此法門者，被稱為「無心道人」、「無為道人」。

希運特別強調在實際生活中「無心」的運用，認為只要在行住坐臥中，但學無心，不起分別，不著一相一物，亦無依倚，即可解脫。他說：「學道人，若欲得成佛，一切佛法總不用學。唯學無求無著，無求即心不生，無著即心不滅，不生不滅即是佛。」

希運禪師特別強調上乘根基的頓悟，他的禪門並不向中下根機者開啟。他常對門下說：「若會即便會，若不會即散去。」

希運的這些禪法理念被他的一個叫義玄的弟子所發揚光大。義玄俗姓邢，曹州人。義玄年幼時就聰穎靈異，稍大些就以孝行名聞鄉里。

義玄落髮出家後，對大小乘教法，均下過一番工夫。後來覺得它們雖都是濟世良方，卻未達禪的教外別傳之旨，因而他「更衣遊方」，即換成俗服出遊參學。

義玄聽說了希運的大名後，遂直奔江西宜豐黃蘗山，參拜希運禪師。義玄在黃蘗處3年，隨眾修習，行業統一，深得首座師的讚賞。

一次首座問他：「曾參問也無？」意思是你曾請教過師尊嗎？」

義玄回答：「不曾參問，不知問個什麼？」

首座說：「汝何不去問堂頭和尚，如何是佛法大意？」

義玄便去問，沒想到，問話還沒結束。希運禪師便打。義玄不明其意，回告首座，首座又說：「再去問！」於是義玄又去問，這次問話也沒有問完，希運禪師又打了過來。如此三度發問，三度被打。

希運禪師的棒打可稱棒喝，即透過這種看似沒來由的棒

擊，截斷義玄對「佛法大意」的思慮和追究，把他從向外求佛的歧路上拉回。

可惜的是，當時義玄根機未熟，未能當下醒悟，反自恨這沒來由的棒打，決定辭別希運禪師。辭別時，希運禪師沒有挽留他，但是囑咐他到大愚禪師處參學。

義玄見到大愚禪師後，大愚禪師問他什麼地方來的，義玄說從希運禪師處來。又問希運有什麼指教沒有，義玄就說了三問三度被打的事，並說不知自己錯在了什麼地方。

大愚禪師已經知道了希運禪師的深意，他告訴義玄：希運禪師的棒打，並不是說他問的問題本身有錯，而是他問詢本身就錯了。因為「佛法大意」是問不出，也答不出的。

講完這些後，大愚禪師為進一步勘驗義玄，就問他講出所悟的道理。大悟的義玄突然向大愚禪師脅下擊打三拳，示意大愚，無道可思，無理可道。

這一次，大愚禪師明白了義玄已經開悟了。隨後，義玄又回到了希運禪師處，繼續修行。後受到希運禪師的印可。

受到印可後，義玄決意北上弘法。唐宣宗大中年間的854年，義玄來到河北鎮州即今河北正定，在城東南滹沱河畔建立臨濟院。

在臨濟院，義玄廣為弘揚希運禪師所倡導的「般若為本、以空攝有、空有相融」的禪宗新法。

　　義玄提出「三玄」，即 3 種原則；「三要」，即 3 種要點；「四料簡」，即 4 種簡別；「四照用」，即 4 種方法等接引學人。

　　這種禪宗新法機鋒峭峻，自成一家。義玄將這種禪宗新法弘揚開來，受教人數眾多，後世遂稱之為「臨濟宗」。

　　義玄繼承了希運禪師之說，標出「無心」二字，這意味著破除一切執著，隨緣任運，不受任何外境的束縛與阻礙。

　　一次，義玄來到河南達摩祖師塔前。管理塔的僧人問義玄：「和尚先拜佛還是先禮祖？」

　　義玄說：「既不拜佛也不禮祖。」

　　管理佛塔的僧人很疑惑，說：「難道佛祖與你有什麼冤仇？」義玄聽後拂袖而去。

　　禪宗思想很重要的一點就是破「執」，一般學佛的人，要堪破世間，打破小我，並非難事，而對佛對祖，卻非常敬畏。

　　那個管理佛塔之人，以差別之心看佛看祖，不打破佛祖關，就不能成正果。義玄主張逢佛殺佛，見祖殺祖，只有不依靠任何東西，才能獲得真正解脫。

　　義玄的禪法，突出了人的主體性精神，強調自信，強烈反對崇拜偶像。他呵佛罵祖，機鋒峻烈，如電閃雷鳴，給人以強烈的心靈震撼。

　　義玄一向認為禪人的開悟，非由師悟，而是自性自度，

自悟本心，所以當有人問師承哪一家時，義玄只答：「我在黃檗處，三度發問，三度被打。」

在義玄看來，人人本心具足一切智慧功德，只為妄念遮蔽而沉淪無明。因此禪師的作用，只在為眾人掃除一切精神的依傍和影像。

義玄開示學人說：「一念之心上清淨光即法身佛，一念心上無分別光即是報身佛，一念心上無差別光即是化身佛。」他認為，假如能看到這一點，迴光返照，停歇一切向外馳求的念頭，就當下與祖、佛沒有區別，所以真正學道人，只是隨緣任運，不希求佛、菩薩、羅漢等果乃至三界殊勝，義玄還繼承了馬祖的教育方式，其行動特別講究「唱」，尤以棒喝為最，以喝用得最普遍。喝有多種用法，有時一喝如金剛王的寶劍，一刀斬斷學人煩惱困惑；有時一喝如金獅子，能以智慧使人猛醒；有時一喝如同以竹竿探草，用來試探學人悟性深淺。對迷執過重者，施喝已無用的情況下，則施棒，當頭一棒。這棒喝突出地表現了義玄的峻烈機鋒。

義玄的這種獨特的禪法思想後人輯其語要編著成《鎮州臨濟慧照禪師語錄》傳世，世人簡稱《臨濟錄》。是臨濟一宗的立派教義典籍。

臨濟宗傳到宋代時，又形成楊岐、黃龍兩派。黃龍派的開宗者為慧南，因其住南昌黃龍山而得名。慧南初學雲門

宗，後皈依了臨濟宗。黃龍派的法門為「道不假修，但莫汙染；禪不假學，貴在息心」。

慧南在黃龍山，設三轉語接引學人，法席之盛，與道一、懷海禪師不相上下。嗣法的弟子有晦堂祖心、寶峰克文、東林常總等 83 人。

惠南門庭嚴峻，人們把他比喻成猛虎。他常問前來參學的僧人：「人人都有生緣，你的生緣在哪裡？」

正當和學人問答交鋒時，他又伸出手問：「我的手哪些地方像佛手？」接著又把腳垂下說：「我的腳哪些地方像驢腳？」幾十年來，惠南常用這 3 句啟發學人觸機而悟，這著名的三轉語，後人把他稱為「黃龍三關」。

這第一句是意思是人人都有因緣誰也擺脫不了。第二句講，人的本性和佛是相同的，意喻人人都有佛性，人人都能成佛。第三句是說，人與其他眾生並無本質區別，人能否覺悟成佛，關鍵在於自己。

黃龍派流傳最廣的有祖心、克文、常總三系。祖心門下靈源唯清六傳到明庵榮西。明庵榮西是日本人，回國後傳臨濟禪法。

楊岐派的開宗者為方會禪師，開創的宗派因方會常住楊岐山而得名。方會的禪學思想是對臨濟思想的改造變通，既不失為臨濟正宗，又別有新意。

方會堅持慧能禪法「直指人心，見性成佛」的宗旨，以此作為指示禪者的依據。方會的禪學風格屬於臨濟體系，但在具體運用過程中，又吸收了雲門等派的特點。

方會嗣法的弟子有白雲守端、保寧仁勇等 12 人。起初黃龍、楊歧二派並盛，然而黃龍一派，不數傳而法統斷絕，楊歧恢復臨濟舊稱。

禪宗後期的歷史，幾乎成了臨濟宗的歷史，而臨濟宗後期的歷史，也就成了楊歧派的歷史。

守端下有五祖法演等 12 人，法演下有佛鑒慧懃、佛眼清遠、佛果克勤等 20 餘人，尤以克勤法流為盛。清遠再傳蒙庵元聰，日本僧人俊艿曾參拜為師。

1199 年，楊歧宗傳入日本，成為日本佛教大宗之一，信徒過百萬以上。東亞、東南亞等許多國家和台灣也廣有信徒。

到明代，臨濟宗依然很盛，如《五燈會元續略·幾例》述臨濟宗在明代的盛況說：「臨濟宗自宋季稍盛於江南，閱元而明，人宗大匠，所在都有。」但是臨濟宗「韜光斂瑞，民莫得傳」，所以有明一代，臨濟宗的宗匠見於史傳的不多。

到明末清初，臨濟宗已不及往昔的隆盛，唯有圓悟、圓修、性沖三派鼎峙而已。

圓悟法席很盛。圓修與圓悟同門，於明萬曆年間的 1608

年在磐山結茅，逐漸成為大剎，門下人才之眾和圓悟相等。
性沖，嘉興秀水人，起初在徑山結庵，後來住在蘇州本溪弘
法，法嗣有興善慧廣。

臨濟宗在清初大都系出圓悟、圓修二派，而圓悟一派尤
其隆盛。清順治帝於 1657 年到京師的海會寺，延見圓悟的三
傳弟子憨璞性聰。之後又先後召玄水杲、王琳通琇、天童道
忞入京從容諮訪。

在清順治、康熙年間，法藏的門葉極其繁榮，當時成為三
峰一派，海內稱法藏和他的弟子靈隱弘禮、靈岩弘儲為佛、
法、僧三寶。弘禮下有願雲顯，住洪州雲居；弘儲下有原直
賦、楚奕豫，賦住南嶽福岩，豫住潭州雲蓋，大闡宗風。

## 【旁注】

- **黃檗山**：原名鷲峰，坐落在宜豐縣西北部的黃崗鄉黃檗
  村境內，是中國佛教禪宗五家之一的臨濟宗的祖庭。黃
  檗山山高林密，層巒疊嶂，飛瀑鳴泉，極為幽靜。山中
  古蹟主要有古寺、塔林、虎跑泉、龜石、飛瀑等。

- **法門**：佛教用語之一。原指指修行者入道的門徑，後來
  泛指修德、治學或做事的途徑。在佛教中，佛所說的
  法，因是眾生超凡入聖的門戶，故稱法門。佛所說而為
  世之準則者，謂之法；此法既為眾聖人道之通處，復為

如來聖者游履之處，故稱為門。

- **教外別傳**：是一種禪宗思想。禪宗不施設文字，不安立言句，直傳佛祖心印，稱為教外別傳，意思是在如來言教以外的特別傳授。教外別傳的核心在於不依賴佛經，而靠自身感悟來體會佛理。

- **棒喝**：比喻促人醒悟的警告。棒喝是禪宗師家接待初學者的手段之一。對於其所問的問題，師家往往不用語言來答覆，或者使用棒鋒擊打其頭部，或者對其大喝，看其反應能力，斷定學生悟解能力。

- **功德**：原為儒家用語，指功業與德行，出自《禮記‧王制》：「有功德於民者，加地進律。」在佛教中，能破生死，能得涅槃，能度眾生，名之為功。此功是其善行家德，故稱為功德。

- **黃龍山**：佛教名山，地處湖南、湖北、江西三省交界處，風光迷人，鐘秀奇多。黃龍山東麓的黃龍寺是中國佛教禪宗五家七宗之一黃龍宗的發源地，常有日本、韓國的黃龍後裔組團到黃龍來拜謁祖山祖庭。

- **慧南**（1002 年～1069 年），宋代信州人，即現在的江西廣信。俗姓章，世稱黃龍慧南。佛教禪宗臨濟宗黃龍派的創始人。慧南初學禪宗雲門宗，後承法於臨濟宗傳人楚圓禪師。慧南主張「真如緣起說」，認為宇宙萬物都是

「真如」派生的，所以「極小同大」。

- **楊岐山**：中國佛教名山，位於江西萍鄉上栗縣境內，距縣城 25 公里，是一個以優美的自然景觀為外延，以豐厚的人文景觀為內涵，構成融自然風光和宗教文化為一體的地區。楊岐山古稱翁陵山、漉山，海拔約 1,000 公尺。相傳戰國時期的著名哲學家楊朱到此，因山大路雜，迷失方向，淒愴淚下，後人因此名之為楊岐山。

- **萬曆**：明神宗朱翊鈞的年號，朱翊鈞使用此年號共 48 年，從 1573 年到 1620 年，為明王朝所使用時間最長的年號。萬曆前期，張居正主導實行了一系列的改革措施，社會經濟持續發展，對外軍事也接連獲勝，朝廷呈現中興氣象，史稱「萬曆中興」。

- **順治帝**（1638 年～1661 年）愛新覺羅·福臨，清太宗皇太極第九子，是清入關後的第一位皇帝。順治皇帝天資聰穎，讀書勤奮，他吸收先進的漢文化，為了使新興的統治基業長治久安，他重視整飭吏治，注意與民休息，取之有節。是清王朝唯一公開歸依禪門的皇帝。

> **【閱讀連結】**
> 依義玄的資稟根機，如果他一直追隨黃檗，亦可為一方化主，假以時日，日後成為江南禪林領袖亦未可知。但義玄沒有留在南方，而是決意北上，在

> 南禪傳統薄弱之地弘化。臨行，黃檗問：「什麼處去？」義玄答云：「不是河南，便是河北，」黃檗喚侍者：「將百丈先師禪板、几案來！」義玄則云：「侍者將火來！」
>
> 其實，以衣鉢相傳承的傳法舊習到慧能已告中止，慧能南禪講求以心傳心，以心印心，既是以心印心，衣鉢何用？衣鉢既廢，禪板、几案何用？何如付之一炬來得乾淨痛快。

# 弘盛不絕的曹洞宗風

除了南嶽懷讓，慧能大師門下還有一弟子叫行思，在慧能大師之後，將禪宗一脈發揚弘大。

行思俗姓劉，江西吉安人士，自幼出家，20 多歲時跟從慧能參悟禪法。713 年，時年 76 歲的六祖慧能預感人壽將終，將行思召到面前，對行思說：

從上衣法雙行，師資遞授。以衣表信，法乃印心。吾今得人，何患不信。吾受衣以來，遭此多難，況乎後代，爭競必多。衣即留鎮山門。汝當分化一方，無令斷絕。

「無令斷絕」是自禪宗始祖達摩祖師傳法二祖慧可禪師以後諸祖師往下傳承的「禪語」，也是禪宗諸祖傳法的印信。

慧能祖師告訴行思禪法在法在心而不在衣。傳衣必然會引起門下紛爭，因此，衣留著不傳，並且應當另闢一處弘法。

行思禪師領悟了師父的深意。慧能大師圓寂後，他即回到吉安青原山淨居寺，恪守不立文字的祖訓，弘揚頓悟學派，很快前來受教的人雲集於此，後人稱行思禪師為青原行思。

青原行思禪師在青原山淨居寺弘法數十載，為弘傳禪宗頓悟學派獻出了畢生精力。740 年 12 月 13 日跏趺而逝，唐僖宗追諡行思為「弘濟禪師」。

青原一派自行思後數傳，分為曹洞、雲門、法眼 3 宗，曹洞宗是江西洞山良價禪師及其弟子江西曹山本寂創立。曹洞宗期間經過青原行思、石頭希遷、藥山唯嚴、雲岩曇晟，到了洞山良價和弟子曹山本寂時始成。

良價禪師覺得慧能所提倡的頓悟法門，不是一般的人所能做到的，於是他就提出五位的方便法門，因勢利導，廣接上、中、下各種不同根器的學人，後來弟子本寂又加以發展，遂成獨具特色的，綿密完整的曹洞「五位說」。

五位說中有正偏五位、功勛五位、君臣五位、王子五位 4 種，其中正偏五位、功勛五位是良價的創說，而君臣五位、王子五位，則是他的弟子本寂所立。

五位說的根本思想宗旨，是曹洞宗用以闡釋真如與現象世界的關係問題的方便說教。在良價及其弟子本寂看來，萬

事萬物之間存在著一種「回互」與「不回互」的關係。

回互，就是指萬事萬物是互相融會、貫通的，雖然萬物的界限脈絡分明，但在此中有彼，彼中有此，互相涉入，不再區別彼此；不回互，就是說萬物各有自己的位次，各住本位而不雜亂。因此，所謂「回互」、「不回互」即是要從事物普遍聯繫、發展和變化的觀點看問題。

五位說以「回互」著稱，施教方式是「行解相應」，精耕細作，態度較為穩健、綿密，不僅具有哲學的辯證精神，且體現出禪宗對儒道兩家思想的融攝。

曹洞宗在堅持禪宗的「見性成佛」基礎上，堅持實修的默照禪，這在中國佛學史獨樹一幟，對於促進中國禪學的發展造成了相當重要的作用，後代禪宗的發展模式在許多方面與曹洞宗是分不開的。

良價禪師著作頗多，有《玄中銘》、《五位君臣頌》、《五位顯訣》、《寶鏡三昧》、《綱要偈》、《新豐吟》，此外還編纂過《大乘經要》1卷。他的言語經其弟子整理成《曹州洞山良價禪師語錄》、《筠州洞山悟本禪師語錄》各1卷，被曹洞宗信徒視為經典。

本寂在江西吉水曹山長達30餘年，他弘揚的禪法遠承本門遠祖希遷的「即是而真」，近光大師父良價所提倡的「五位君臣」法門，四方來此參學的人很多很多。

在此情形下，「家風細密，言行相應，隨機利物，就語接眾」的曹洞宗風逐漸形成與完善。本寂撰擬的「解釋洞山五位顯訣」，成為曹洞叢林的標準，最終形成了曹洞宗。

世人曾這樣評說：「洞山確立一宗的規模，至曹山而大成，才是完整意義上的曹洞宗正式形成。」從中可以看出，曹洞宗是本寂在繼承師父良價思想的基礎上，加以發揚光大而創立的。

本寂門下法嗣弟子有洞山道延、金峰從志、曹山慧霞、韶州華嚴等。另外，本寂同門師弟匡仁在洞山跟隨良價學法後，來到金溪縣疏山肇建白雲禪院，也力弘曹洞宗風，著有《四大籌頌略》、《華嚴長者論》等傳世。

匡仁座下徒嗣很多，有名的有護國守澄、疏山證、黃檗慧等。新羅即後來的韓國僧明照安、百丈超、洞真大師慶甫等也都先後來其門下參學，使曹洞一脈傳到了朝鮮半島。

與本寂、匡仁為同門師兄弟的道膺在得良價禪師印可後，力弘曹洞宗風，他先是在宜豐縣三峰結庵，不久遷至吉安廬陵，後應南平王鐘傳之請，主法永修縣雲居山真如禪寺。

道膺在此講經說法 30 餘年，座下徒嗣多達 1,500 餘人，著名法嗣有雲居道簡、同安道丕、歸宗懷惲等。其中有慕名專程而來的新羅僧人利嚴、高麗僧慶甫等。

利嚴在道膺處得法回國後，創須彌山派，開海東禪門九山之始。後又再傳日本僧永平道元，道元又將曹洞宗傳入日本。

曹洞宗到元末明初時一度衰落，曹洞法脈傳承幾近中斷。令人高興的是，在明嘉靖年間，曹洞宗又得以中興。在當時，常忠和常潤師兄弟兩人於嵩山少林寺曹洞宗二十九世宗書小山座下承嗣曹洞法脈後，常忠返回江西弘法，常潤則繼主少林寺法席，遣其不少法嗣赴江西弘法，遂使曹洞宗得以復興起來。

進入清代，曹洞宗的發展旺盛，可謂名僧輩出。作為曹洞宗中興祖庭的新城壽昌寺，清順治年間的 1653 年，壽昌寺遭火災燒燬，在金陵棲霞寺弘法的曹洞宗三十三世法嗣竺庵大成，聞訊後毅然跋涉回江西，主持修復新城壽昌寺。

曹洞宗中興的另一重要道場博山能仁禪寺，自清以後，則多有高僧大德在此主持法席，先後由釋道奉、釋覺浪道盛、釋道霈、釋宏瀚、釋一澄、釋剖雲、釋一導等代相傳承，達百餘年之久。

江西崇仁縣的明敏承曹洞法脈後，先住持曹山寺 5 年，後來撫州上橋多福寺主法。另外，僧人釋末也於康熙年間主法宜黃桃華山寺，力弘曹洞宗風。稍後，曹洞宗壽昌法系第七世的界周，在宜黃石門寺大弘曹洞宗風。

之後，明海法承曹洞一脈，其後，釋竹慧在宜黃縣明海座下得曹洞法脈之傳後，於 1925 年主持振興了宜黃石門寺。期間規模達到數十畝，住僧 20 餘人，成為其時弘揚曹洞法旨一大叢林。

曹洞一脈是禪宗延續最久，影響最大的一個支派，可稱得上延續持久，影響深遠，其門人也多有建樹，其禪法教義甚至流傳到國外，開啟新風。

## 【旁注】

· **印信**：古代印信有 3 種含義，一是師資和融之稱。印即師所授之印明，信即受者信心。二是指信憑符契，以驗真偽、別正邪之用，如顯教受戒後發給受戒之人戒牒。三是對政府機關的各種印章、公私印章的總稱。

· **跏趺**：「結跏趺坐」的略稱，指佛教中修禪者的坐法。兩足交叉置於左右股上，稱「全跏坐」，又稱「吉祥坐」。或單以左足押在右股上，或單以右足押在左股上，叫「半跏坐」。功能不同，名稱有異。

· **默照禪**：守默與般若觀照相結合的禪法，是基本上以打坐為主的修習方式。「默」指沉默專心坐禪；「照」是以智慧觀照原本清淨的靈知心性。默照禪的提倡者是曹洞宗人宏智正覺，他強調，默與照是禪修不可缺少的兩個

方面，兩者應當結合，統一起來。

· **法嗣**：「法嗣」一詞有兩種含義，一是佛教禪宗的用語，禪宗指繼承祖師衣鉢而主持一方叢林的僧人，就是接受傳承佛法的一個重要過程；二是在此基礎上延伸，泛指學藝等方面的繼承人。

· **禪院**：佛教寺院的一種，其突出的特點是屬於佛教禪宗派別的禪師們所建，僅供禪師們參禪悟道修行的場所。佛教的禪宗分五個宗派，禪宗不同宗派之間的修行方式有一定的區別，由此禪宗不同宗派之間所建的禪院也不一樣。

· **嘉靖**：明王朝第十一位皇帝明世宗朱厚熜的年號，明王朝使用嘉靖這個年號一共 45 年，是明代使用第二長的年號。時間是從 1522 年到 1566 年。

· **康熙**（1654 年～ 1722 年）清王朝第四位皇帝、清定都北京後的第二位皇帝愛新覺羅·玄燁的年號。康熙帝在位 61 年，是中國歷史上在位時間最長的皇帝。在位期間，奠定了清朝興盛的根基，開創出康乾盛世的大局面。

【閱讀連結】

曹洞宗以洞山良價為宗祖，宗名之由來有兩個理由：一說洞指洞山，曹指曹山，乃良價禪師所住之江西宜豐縣之洞山與弟子本寂所住之吉水縣之曹山之名，本應稱洞曹宗，習慣於稱曹洞宗。另一說取曹溪慧能之曹與其法孫洞山良價之洞，合稱為曹洞宗，系以此表明本宗乃六祖正風之嫡傳。

後人多認同第一種看法。南宋智昭《人天眼目》卷3中說：「良價晚年得弟子曹山耽章，禪師，深明的旨，妙唱嘉猷，道合君臣，偏正回互，由是洞上玄風播於天下，故諸方宗匠咸共推之曰曹洞宗。」引文中的「耽章」即本寂之別名。

# 文偃禪師創立雲門宗

青原行思下數傳，有曹洞、雲門、法眼三宗，雲門宗是其中之一。雲門宗的開創人叫文偃禪師。

文偃禪師俗姓張，姑蘇嘉興人，即現在的浙江嘉興，唐懿宗咸通年間的864年出生。據說文偃幼年「敏智生知，慧辯天縱」，表現出了不同凡俗之處。

文偃成年後在毗陵即今江蘇常州戒壇出家，出家後一心鑽研律藏。幾年後，便「博通大小乘」，但仍然覺得有些

「已事未明」，乃發心參學。他首先參訪的是浙江睦州和尚。

睦州是南嶽系黃蘗希運下的門人，對禪學研究頗深。禪宗史書《五燈會元》卷 15 記載了文偃見睦州的經過。

睦州一見文偃來，馬上關門。文偃上前叩門，睦州問道：「誰？」

文偃答道：「是我文偃。」

睦州又問：「做什麼？」

文偃答道：「未明白自性，前來求師指示。」

睦州打開門看了一眼，便又即刻將門閉上。如此這般一連 3 天，文偃也連續 3 天前來叩門。

至第三天，當睦州一開門，文偃便閃身進入門內。睦州一把抓住他，說：「道！道！」

文偃正要開口，睦州便將他推出，很快掩上門，將文偃的一個腳也壓傷了。

就在這一瞬間，文偃大悟，明白了一切只有靠自己，別人絕不可能代替。不久，睦州指點文偃去拜見雪峰義存。

義存是德山宣鑒的弟子，他繼承了青原行思、石頭希遷一系禪學思想，曾住雪峰山廣福院廣集學人，四方僧眾雲集法席，當時有很高的聲譽。

文偃到了雪峰莊上，碰見一位上山的僧人，文偃上前說：「請你為我傳一句話，問一下方丈，只是不能說是別人讓你問的。」

　　那個僧人同意了。於是文偃對他說：「上座到山中見到方丈上堂說法時，等眾人都來時，便出來，握拳立地說：『你這老漢，為何不脫掉自己項上的鐵枷？』」

　　那個僧人上山後，等雪峰剛上堂，眾人也剛到，就把文偃教他的話說了。雪峰見此僧人這麼說，便下座，抓住他說：「快講！快講！」

　　那個僧人不知所措，默然無對，雪峰便放開說：「你剛才所說，不是你自己的話。」

　　那個僧人說：「是我自己的話。」

　　雪峰便大聲說：「侍者，將繩子和棍棒拿來。」

　　那個僧人一聽此話，連忙說：「剛才的話，不是我自己的，是莊上一位和尚教他這麼說的。」

　　聽了此話，雪峰便叫眾人去迎接文偃上山。

　　就這樣，文偃上山禮拜義存禪師後跟從義存禪師學禪法，幾年後深得義存禪師的禪法精要，義存禪師將本門的宗印密授給文偃。

　　為了加深學習，文偃離開雪峰，到各處參學，歷訪洞岩、曹山、天童、歸宗等處，又往曹溪禮拜六祖塔，學習各地叢林的知識。不久又來到福州去參學靈樹如敏禪師。

　　如敏是百丈懷海門下長慶大安的弟子，曾在嶺南行化 40餘年，以「道行孤峻」著稱，得到了當地儒士的敬重，南漢

小王朝為他賜號「知聖」。

文偃又跟從如敏禪師參學了 8 年，918 年，如敏禪師圓寂，南漢王劉岩請文偃說法，文偃此後在韶陽大弘法教。

923 年，文偃率領徒眾開發雲門山，在乳源縣雲門山創建雲門寺。歷時 5 年，寺院建成，高祖賜額「光泰禪院」。寺院建好後，文偃禪師及其門徒就遷往這裡，開堂弘法，一時間，「天下學侶望風而至」，獨創一家門風，稱為雲門宗。

雲門寺整座建築物莊嚴雅靜，風格獨特，主要建築有山門、天王殿、大雄寶殿、法堂、鐘樓、禪堂、齋堂、教學樓、功德堂、延壽堂等。自創建以後，歷宋、元、明、清，各朝均有修葺。

文偃十分推崇青原禪教創始人石頭希遷，他繼承了石頭希遷「即時而真」的思想，注重一切現成。他上堂開示大眾說：

涵蓋乾坤，目機銖兩，不涉萬緣，作麼生承當？

眾僧無言以對，文偃禪師代大家說「一鏃破三關。」

對文偃禪師的這一根本說法，他的學生德山圓明密禪師把他解釋為三句：「涵蓋乾坤、截斷眾流、隨波逐浪。」

「涵蓋乾坤」的意思是絕對的真理充滿天地之間，且涵蓋整個宇宙，且每一物都獨立存在，又與這個宇宙絲絲相連。

後兩句是雲門宗接引學人的教學方法。「截斷眾流」就是斬斷問者的轉機，叫你無路可通，無處用心，從而悟出佛學

真諦。「隨波逐浪」是指要順適萬物，自由自在地與世俗相處。這三句被稱為「雲門三句」，也稱為德山三句，廣為雲門宗所用。

雲門宗還有「顧、鑒、咦」三字旨，文偃禪師上堂說法時，顧視眾僧，即說：「鑒」。眾僧立即應聲說：「咦」。「顧、鑒、咦」三字是雲門的宗旨，必須深入參研，才能體會。

雲門宗除了「雲門三句」、「三字旨」，還有著名的「雲門一字關」。雲門的宗風孤危險峻，其接引學人片言隻字，不用多語，故有「雲門一字關」之稱。具體來講，「雲門一字關」指雲門宗禪師化導學人時，慣常以簡潔之一字說破禪之要旨。

有僧人問文偃禪師：「什麼是正法眼？」

文偃禪師答：「普。」

僧人又問：「什麼是雲門劍？」

文偃禪師答：「祖。」

僧人又問：「什麼是雲門一路？」

文偃禪師答：「親。」

又問「什麼是禪？」

文偃禪師答：「是。」

這就是「雲門一字關」。雲門宗禪師常常用一個字，突然截斷葛藤，斬斷問者的轉機，叫你無心可用，從而掃除你的

一切執著，讓你真心現前，見性成佛。

雲門宗一字一語包含無限的旨趣，即文偃禪師所說的「涵蓋乾坤」。但同時，雲門宗接引學人的方法又是「截斷眾流」，不容擬議，讓學人無路可走，這對悟性較低的學人很不相宜，因此使得雲門宗承襲困難。

文偃禪師言行無懼，開一宗門風。一天他對學生們提起一則往事：「從前，釋迦降生時，一手指天，一手指地，說：『天上天下，唯我獨尊。』」

文偃禪師接著說：「如果我當時在場，老僧一棒子打死他，拿去給狗吃，圖個天下太平。」

對佛祖不僅要一棍子打死，還要拿去餵狗，這話何等刻毒！但此說正是要打破對外界的迷信，引導學人內省頓悟，自成佛道。

這種先引出一段古事，然後對這段古事進行言外參異，或頌古評唱的方式，後來成為禪宗提示和參究的一種法門，而這種形式開創者，就是文偃禪師。

文偃反對盲目行腳遊方，強調佛法就在身邊，這種思想，包含了安於目前、保身安命的處世哲學，這正好迎合了南漢劉氏保境息民的治國思想。因此，雲門宗的獨特禪法引得了南漢王劉氏欽崇。南漢高祖、中宗都十分信敬文偃，給予文偃最高的禮遇。

　　文偃曾被兩代南漢王詔入內宮說法，這不僅擴大了雲門宗的影響，更贏得了南漢王對佛教的大力支持，佛教幾乎成了南漢的國教，從而促進了佛教在嶺南的發展。

　　雲門文偃的得法弟子中，法系較為興盛的有德山緣密、雙泉師寬、香林澄遠、洞山守初等。其中雲門弟子中最上首者為香林澄遠。

　　香林澄遠原是文偃禪師的侍者。文偃禪師常常呼喚他為「遠侍者」，等到澄遠答應，文偃禪師又問他：「是什麼？」這樣過了 18 年，澄遠才省悟其中的道理。

　　後來澄遠辭別雲門以後，回到自己的故鄉四川，住在青城香林院，上堂開法，教化眾人達 40 年之久。他承襲了文偃禪師的門風，其接人語句完全繼承了文偃禪師的風格。

　　澄遠有弟子智門光祚也是以門風險峻著稱於世。光祚的法嗣有雪竇重顯、延慶子榮、南華寶緣等 30 餘人，雪竇重顯時宗風大振，號稱雲門中興。

　　在雪竇重顯時，由於雲門宗風接引學人的方法「截斷眾流」，不容擬議，讓學人無路可走，致使學人漸少，重顯不得不改變宗風，漸漸融合於他宗。

　　雲門宗興起於五代，北宋較盛，曾與臨濟宗不相上下，但不久即衰微不傳，法脈延續了 200 年左右。

## 【旁注】

- **唐懿宗**（833 年～ 873 年）李漼，初名溫，唐王朝皇帝，有名的無能昏君，唐懿宗 859 年即位，在位 14 年，終年 41 歲，曾用年號大中、咸通。在位期間，驕奢淫逸，不思進取，寵信宦官，面對內憂不知其危，遭遇外患不覺其難，使唐王朝政局更加風雨飄搖。

- **律藏**：梵語音譯毗柰耶藏、毗尼藏，意譯調伏藏，整理佛陀所制戒法的典籍，是佛陀為調伏弟子煩惱，對其生活惡習所制定的教團規則，也可以說是在修道生活中，佛陀針對弟子所犯的過失而定的規範，是隨犯隨制，屬隨緣制戒。

- **《五燈會元》**：中國佛教禪宗史書，共 20 卷。有宋寶祐元年即 1253 年和元至正二十四年即 1364 年兩個刻本。寶祐本於清光緒初年始由海外傳歸，卷首有普濟題詞，王庸序，卷末有寶祐元年武康沈淨明跋。至正本比較流行，為明嘉興續藏和清《龍藏》所本。

- **德山宣鑒**：唐代高僧，俗姓周，簡州人，位於現在的四川簡陽縣西北。很小的時候就出家為僧，初精究律學，貫通性相諸經，常講《金剛經》，後皈依禪宗，應邀住朗州德山，從學者很多，時稱德山和尚。

- **南漢**：五代十國時期的地方政權之一，位於現廣東、廣西兩省及越南北部。唐朝末年，劉龑憑藉父親和哥哥的權勢於 917 年在廣州稱帝，稱興王府，國號「大越」。次年，劉龑以漢朝劉氏後裔的身分改國號為「大漢」，史稱南漢。971 年為北宋所滅，歷四主，共 54 年。

- **大雄寶殿**：佛教寺院中的正殿，也有稱為大殿的。大雄寶殿是整座寺院的核心建築，也是僧眾朝暮集中修持的地方。大雄寶殿中供奉本師釋迦牟尼佛的佛像。大雄是佛的德號。大，是包含萬有的意思；雄，是攝伏群魔的意思；寶，是指佛法僧三寶。

- **正法眼**：佛教語，也叫正法眼藏，禪宗用來指全體佛法。朗照宇宙謂眼，包含萬有謂藏。相傳釋迦牟尼在靈山法會以正法眼藏付與大弟子迦葉，是為禪宗初祖，為佛教以「心傳心」授法的開始。

- **行腳**：又作遊方、遊行，指僧侶無一定的居所，或為尋訪名師，或為自我修持，或為教化他人而廣游四方。雲游四方的僧人，即稱為行腳僧。寺院叢林也以「雲水僧」來雅稱雲游四方居無定所的僧人。

- **雪竇**：指雪竇山，在浙江奉化縣，溪口鎮西北，為四明山支脈的最高峰，海拔 800 米，有「四明第一山」之譽。山上有乳峰，乳峰有竇，水從竇出，色白如乳，故

泉名乳泉，寶稱雪竇，山名亦因此得名。山上有雪竇
寺，創於晉代，興於大唐，盛於兩宋，是佛教禪宗名院。

**【閱讀連結】**

佛教在嶺南繁盛與南漢王對佛教的大力支持密不可
分，據不完全統計，南漢時期，廣東各地新建的佛
寺有 45 所，尤其是南漢都城興王府即今廣州，新建
佛寺為全省各地之冠。

南漢皇族內部對佛教也十分崇信，甚至有皇族女子
出家為尼。《大明一統志》稱：「淨慧寺在府城西，
南漢宗女於此為尼，建千佛塔。」朝廷還大力支持
寺院廣置寺產。在劉氏的大力倡導下，廣東各地建
佛塔，舍莊田，蔚然成風。可以說，在嶺南佛教發
展史上，南漢佛教之盛並不亞於盛唐。

# 文益禪師開創法眼宗

青原行思禪師後形成曹洞、雲門、法眼三宗，法眼宗為最後創立的一支。法眼宗的開創者是唐末五代時的文益禪師。

文益俗姓魯，於885年生於餘杭。7歲時在淳安智通院出家，20歲時在紹興開元寺受戒，後來前往育王寺跟隨僧人希覺學律。

在學習佛法的同時，文益還研究儒家典籍。當時南方禪學興盛，文益便南下來到福州長慶院向慧稜禪師學習。學習一段時間後，文益感覺無所獲，就與其他僧侶結伴，赴遠方參學。

路過漳州時，正逢大雪，於是就暫時住在城西的地藏院。在烤火取暖時，地藏院的方丈桂琛禪師問他：「你去那裡？」

文益回答道：「只是行腳罷了。」

桂琛禪師問：「什麼是行腳？」

文益回答道：「不知道。」

桂琛禪師又說：「不知最親切。」

雪停後，文益辭別桂琛禪師準備登程。桂琛禪師送他到門口時，突然問：「你曾說三界唯心，萬法唯識，現在請告訴我庭下的那塊石頭是在心內，或是在心外呢？」

文益答道：「在心內。」

桂琛禪師說：「你這位行腳之人，為什麼要把這樣一塊大石頭放在心中呢？」

這話把文益說得窘極了，他便放下行李，決心留下來，向桂琛禪師討教。

每天當文益提出新見解時，桂琛禪師都說：「佛法不是這樣的。」

最後，文益只得對桂琛禪師說：「我已經辭窮理絕了。」

這時，桂琛禪師便說：「以佛法來論，一切都是現成的。」

聽了這話，文益一下子恍然大悟，心中對佛法的理解一下子豁然開朗了。既然一切都是現成的，還談什麼「唯心」與「唯識」，那心中的一切不是自然就放下了嗎，人不是自然就解脫了麼！也由此，「一切現成」一語，後來成為法眼宗徒參禪時的重要「話頭」。

文益在地藏院與同行者洪進、休復、紹修等人投依桂琛禪師，虔誠參謁，勤奮修學，皆得契悟。在參悟桂琛禪師的佛法禪理後，文益又與眾人行歷臨川，即今江西撫州以西地區，當時的州牧招請文益主持崇壽院，在臨州崇壽院弘揚佛法。

文益爽快地答應下來。開堂說法這天，文益口若懸河，對質疑問題解惑無礙，深受眾僧誠服，說法之後，文益的名聲四方傳開，前來向文益請益受教者十分多，常以千計。

　　晚年的文益深受南唐烈祖李昪的敬重，先後在金陵報恩禪院、清涼寺開堂接眾。當時由於金陵在五代宋初戰亂較少，百姓文化水準較高，文益的禪法思想得到較大範圍傳播，李昪由此賜號「淨慧」。

　　文益禪師宣講禪法理要，總以眼為先。他認為萬物以「識」為先，而識物者是眼睛。他曾有一首《三界唯心》歌，題標為心，實際指眼。其歌詞是：

> 三界唯心，萬法唯識。
>
> 唯識唯心，眼聲耳色。
>
> 色不到耳，聲何觸眼。
>
> 眼色耳聲，萬法成辦。
>
> 萬法非緣，豈觀如幻。
>
> 大地山河，誰堅誰變。

　　後周世宗時的 958 年 12 月 5 日，文益圓寂。南唐中主李璟賜諡其為「大法眼禪師」，其所開禪宗法系因而得名法眼宗。文益被後人尊為法眼宗之祖。

　　法眼宗深受華嚴宗教義影響，並以之闡明禪宗的基本主張，提出「真如一心」，即華嚴宗所謂的「總相」，視「心」為最高精神性本體，表現出「禪教兼重」的趨向。因此，法眼宗在所有佛家各宗派中，特別和儒家聲氣相投，由此得到了宋代理學家朱熹的大力褒揚。

文益提出「理事不二，貴在圓融」和「不著他求，盡由心造」的主張，以「對病施藥，相身裁縫，隨其器量，掃除情解」，概括其宗風。

文益認為，真正的悟解，就是你看萬物時，不再是用肉眼，而是透過了真如之眼。這叫做法眼，或道眼。

一次，廟裡打井，有沙子塞了泉眼。文益問僧徒們：「眼溝不通，是因為被沙塞住了；可是道眼不通究竟是被什麼塞住呢？」

僧徒們都無話以對，他便自答說：「只是被眼所阻礙罷了。」

有一次，文益與南唐中主李璟談論佛道之後，一起觀賞牡丹花。李璟敦請文益作首偈子，文益當下誦道：

擁毳對芳叢，由來趣不同。

發從今日白，花是去年紅。

豔冶隨朝露，馨香逐晚風。

何須待零落，然後始知空。

李璟聽後，心領神會，頓解禪師之意。

文益著有《宗門十規論》、《華嚴六相義頌》、《三界唯心頌》，闡明「理事不二，貴在圓融」和「不著他求，盡由心造」以及「佛法現存，一切具足」等思想。

宋真宗年間僧人釋道原的《景德傳燈錄》輯有《大法眼

177

文益禪師語錄》，其中記載了許多公案，可以看出法眼宗的教義。

文益禪師的弟子眾多，嗣法弟子有 63 人，其中以德韶、慧炬、文遂等 14 人最為優秀。高麗僧人曾來向他學習，得法者有 36 人，法眼宗後來傳到朝鮮半島，長盛不衰。

德韶是處州龍泉人，15 歲時出家，出家後，曾參拜 50 多位高僧大德，虛心問道，然而始終未能契悟。最後來到臨川，謁見法眼宗文益禪師，但也倦於參問，只是隨眾而已。

有一天，文益上堂，有僧人問：「如何是曹溪一滴水？」文益說：「是曹溪一滴水。」一旁的德韶聽到這句話，豁然開悟，以前的種種疑惑，渙然冰釋。

不久，德韶遊天台山，在白沙停留，當時的吳越台州刺史錢俶常常延請德韶弘法。錢俶於 948 年繼承後漢王位後，遣使迎請德韶，尊為國師，並請其開堂說法。

德韶有法嗣 49 人，以延壽為上首。延壽俗姓王，字仲玄，號抱一子，浙江臨安府餘杭人，自幼天資過人，最初學習儒家經典，曾任餘杭庫吏，後升任華亭鎮將，督納軍需。

王仲玄天生慈悲心腸，30 歲左右時，他來到明州四明山龍冊寺翠岩禪師處剃度出家，法名延壽，字智覺。

出家後，延壽朝夕勞作，布衣蔬食，生活十分淡泊。在龍冊寺住了一些日子後，延壽前往天台山德韶禪師處參禪悟道。

在德韶的引導下，3 年過後，延壽盡得法眼宗旨，佛學修養與禪定功夫大增。後周太祖廣順年間的 952 年，延壽前往奉化雪竇寺任住持，開展弘化事業，講授禪學法要和淨土理論。

跟從延壽學習禪學與淨土學問的人很多。在弘法的同時，延壽開始著筆著書。在雪竇寺，延壽完成了《宗鏡錄》的初稿。

宋太祖建隆年間的 960 年，吳越忠懿王下詔邀請延壽前往杭州，主持復興靈隱寺的工作，延壽遂應邀前往。

經延壽努力，新靈隱寺重建殿宇 1,300 餘間，四面修上圍廊，從山門直到方丈室，左右相通，上下相連，靈隱寺因而大興。之後，延壽又奉詔在錢塘江建六和塔，建好後，塔身 9 級，高 50 餘丈，秀美莊嚴。

961 年，延壽前往永明寺弘法，坐下 2,000 餘人，法席鼎盛。在此期間，高麗，即朝鮮國王仰慕禪師，派遣使者送書信，敘弟子之禮，並派 36 位僧人前來學習。他們均受到禪師的傳授，先後回到本國，各自教化一方，法眼宗也因此盛行海外。

延壽禪師住在永明共計 15 年，度弟子 1,700 餘人。法嗣有富陽子蒙、朝明院津兩人。

法眼宗接化學人的言句似乎很平凡，而句下自藏機鋒，有當機覿面能使學人轉凡入聖的機用。

法眼宗為禪宗五家中最後創立的宗派，文益、德韶、延壽三世，嫡嫡相傳，在宋初極其隆盛，後即逐漸衰微，到宋代的中期，法脈就斷絕，延續時間不到百年。

## 【旁注】

· **五代**：即五代十國，這一稱謂出自《新五代史》，是對五代與十國的合稱，也指唐朝滅亡到北宋建立之間的歷史時期。五代是指 907 年唐朝滅亡後依次更替的位於中原地區的五個政權，即後樑、後唐、後晉、後漢與後周。960 年，趙匡胤滅後周建立北宋，五代結束。

· **餘杭**：即餘杭區，地處浙江北部，位於杭嘉湖平原和京杭大運河的南端，是長江三角洲的圓心地，是「中華文明曙光」良渚文化的發祥地，有「魚米之鄉，絲綢之府，花果之地，文化之邦」的美譽。

· **州牧**：即刺史。漢初，漢文帝以御史多失職為由，命丞相另派人員出訪各地以行考核職責，但當時不常設置。漢武帝時正式設置。刺史制度在西漢中後期得到進一步發展，對維護皇權，澄清吏治，促使昭宣中興局面的形成發揮積極的作用。

· **南唐烈祖李昇**（888 年～ 943 年）字正倫，小字彭奴，江蘇徐州人，五代時期南唐建立者。在位期間，勤於政事，興利除弊，變更舊法；又與吳越和解，保境安民，

與民休息。後因服用方士丹藥中毒，個性變得暴躁易怒。

- **華嚴宗**：又稱賢首宗、法界宗、圓明具德宗，中國佛教13宗之一。本宗依《大方廣佛華嚴經》立法界緣起、事事無礙的妙旨，以隋代杜順和尚為初祖。因依《華嚴經》立名，故稱華嚴宗。

- **南唐**：五代十國的十國之一，定都金陵，歷時39年，有先主李昇、中主李璟和後主李煜3位帝王。南唐最盛時地跨今江西全省及安徽、江蘇、福建和湖北、湖南等省的一部分。南唐三世，經濟發達，文化繁榮，為中國南方的經濟開發做出了重大貢獻。

- **吳越**：春秋吳國、越國故地的並稱，泛指現在的江蘇南部、上海、浙江、安徽南部、江西東北部一帶地區。歷史上，吳與越「同音共律，上合星宿，下共一理」。吳越民系是古老的江東民系，共同締造了這片地域，創造了輝煌的吳越文化。

- **後周**：中國歷史上五代十國時期的最後一個朝代，從951年正月後周太祖郭威滅後漢開國，到960年宋太祖趙匡胤陳橋兵變取代，共10年時間，歷經3個皇帝。郭威自稱為周朝虢叔後裔，因此以「周」為國號，史稱「後周」，又以郭威之姓，別稱「郭周」。

- **宋太祖**（927年～976年）趙匡胤，字元朗，宋王朝的開國皇帝。周世宗時官至殿前都點檢。960年，趙匡胤發

動陳橋兵變，代周稱帝，建立宋朝，定都開封，趙匡胤在位 16 年。在位期間，加強中央集權，提倡文人政治，開創了宋朝的文治盛世。

- **靈隱寺**：江南著名古剎之一，始建於東晉時的 326 年，為杭州最早的名剎，也是中國佛教禪宗十大古剎之一。地處杭州西湖以西靈隱山麓，背靠北高峰，面朝飛來峰，兩峰挾峙，林木聳秀，深山古寺，雲煙萬狀。開山祖師為西印度僧人慧理和尚。

**【閱讀連結】**

延壽禪師原名王仲玄，是個具有慈悲之心的人。他每次看見集市上活蹦亂跳的魚蝦飛禽，都頓生慈憫之心，買來後放生。30 歲那年，他擅自動用庫錢買魚、蝦放生，沒想到事情敗露，他被判處死刑。

在押赴刑場執行死刑時，王仲玄鎮靜自若。吳越文穆王知道他擅用庫銀並無一文私用，同時也讚許他的慈心善舉，便將他特赦釋放，並勸其投明州四明山龍冊寺翠岩令參禪師剃度為僧。從此世上沒有了王仲玄，而多了個延壽禪師。

# 延壽禪師倡禪淨雙修

延壽禪師在永明寺居住長達 15 年之久，這期間他完成了他一生中許多重要事項。由於此，延壽大師又稱「永明和尚」。

吳越忠懿王極為器重永明的德行，詔賜名號為「智覺禪師」，「永明延壽大師」的名聲也因此而遠颺於四方。

延壽禪師在永明寺時，除了修行、弘法之外，也注重於將自己的修行體驗與對佛學的研究心得，整理成文字。數量達 100 卷之巨的《宗鏡錄》即是在此時定稿刊行的。

延壽禪師繼承發揚了文益禪師「三界唯心」的思想，「舉一心為宗，照萬法如鏡」，《宗鏡錄》由此義而立名。

《宗鏡錄》文章博引教乘，說明一切法界，十方諸佛、菩薩乃至一切眾生皆同此心，悟語自心就能頓成佛擁有的智慧。

在《宗鏡錄》的問答卷裡，延壽用連綿不斷的問答形式，羅列了天台、賢首、慈恩等宗的教理，並於引證章中，旁徵博引，引證了大乘經典 120 種，西天東土諸祖法語 120 種，賢聖集 60 本，共計 300 種言說，目的是詮釋延壽所倡導的禪教同佛說。

延壽認為在「此宗鏡內，無有一物而非佛事。」「生老病死之中盡能發覺，行住坐臥之內俱可證真。」簡而言之，用一句話概況：平常心就是道。

延壽主張「祖佛同詮」、「禪教一體」的思想。在書中，他引經據典，廣集佛言祖語，旨在說明一切事理皆本一心，性相圓融，佛法一致，各宗所行的教法，最終都歸「心宗」，所有佛陀所教的行法都能圓融互通，正和《宗鏡錄》卷 24 中說的「此宗鏡中，無有一法而非佛事」這一道理相契。

在永明寺，延壽還撰寫了其他的著作，如《萬善同歸集》6 卷、《神棲安養賦》、《唯心決》、《受菩薩戒》、《定慧相資歌》、《警世》各 1 卷等書。

唐中期以來，淨土宗之人批評習禪法之人執理迷事，不重實踐，如《十疑論》等作指斥禪宗的偏見。而禪宗中人有所省悟，如南陽慧忠提倡行解兼修，百丈懷海制定禪林清規等。

在延壽之前，中唐時期的宗密已經在這方面做出了表率。宗密是菏澤系的禪師，又是華嚴宗的大師。宗密在《禪源諸詮集都序》中，提出和闡發禪教統一的主張。

從廣義上看，華嚴禪是宗密所代表的以真心為基礎，內融禪宗之頓漸兩宗、佛教之禪教兩家，外融佛教和儒道兩教的整合性的思想體系。這一體系的最核心的融合內容，是華嚴宗和菏澤禪的融合，宗密以菏澤思想釋華嚴，又以華嚴思想釋菏澤禪，視兩者為完全合一。

就狹義而言，華嚴禪體現出融華嚴理事方法論、理事分析和理事無礙、事事無礙的方法入禪的禪法。

不論是狹義或廣義的理解，華嚴禪體現出的一個核心特徵是融合，不同思想流派之間的交流、溝通的整合。在禪宗的五家中，對於華嚴宗理事方法的運用非常普遍。這種方法，可以說是狹義的華嚴禪，是融教入禪。

在此基礎上，延壽提倡禪淨雙修，他常說：「有禪有淨土，猶如帶角虎」。

延壽認為以空有相成為旨，期於自性成佛，亦須兼修萬善行門。他提出的「禪淨四料簡」作為後人參學的依據：

> 有禪無淨土，十人九蹉路，陰境若現前，瞥爾隨他去。
>
> 無禪有淨土，萬修萬人去，但得見彌陀，何愁不開悟。
>
> 有禪有淨土，猶如戴角虎，現世為人師，來生作佛祖。
>
> 無禪無淨土，鐵床並銅柱，萬劫與千生，沒個人依怙。

「禪淨四料簡」旨在說明禪淨雙修是最理想的修持法門。這種禪淨雙修的主張給予當時佛家一大啟示，後代禪師如天衣義懷、慧林宗本等，亦有此共鳴。因而在元、明之後，禪淨雙修成為中國佛教的一大特色。

延壽倡導並身體力行禪淨雙修行法，在杭州南屏山頂，以誦唸萬聲佛號作為每天的功課。據說，山下聽到他的念佛之聲，好像天樂鳴空，門人都學其風範。

延壽大師的佛學思想會宗各家之說。他將密教之密行及法相宗、三論宗、華嚴宗、天台宗等諸學說及淨土理論融合為一。此等倡舉，開中國佛教歷史先河，遂成一時之風氣，為後來佛門諸宗併合修學做出了表率。

延壽大師儘管和合諸宗，但出發點仍然是禪宗的，其法眼一門的家法處處可見。為表明自己的旨趣，延壽禪師曾作一偈曰：

> 欲識永明旨，門前一湖水。
> 日照光明生，風來波浪起。

延壽禪師奉佛心一宗為基本的出發點。這個宗旨他在《宗鏡錄》中有所顯示：

> 今依祖佛言教之中。約今學人，隨見心性發明之處，立心為宗……此土初祖達摩大師云：以心傳心，不立文字，則佛佛手授，授斯旨；祖祖相傳，傳此心。

北宋開寶年間的 974 年，年事已高的延壽大師再次回到久別的天台山，在山上智者岩開壇傳授菩薩戒，一時引來約 1 萬餘求受戒者。這也是他最後一次主持大型的傳戒法會。

在天台山開壇授戒後，延壽自知世緣無多，便閉門謝客，專心念佛。975 年 12 月 26 日，延壽大師晨起之後，焚香禮佛，然後靜坐辭世。

## 【旁注】

- **忠懿王**（929 年～ 988 年）錢俶，初名弘俶，小字虎子，改字文德，五代十國時期吳越的最後一位國王。後晉開元年間為台州刺史，後被立為吳越國王。宋太祖趙匡胤平定江南，他出兵策應有功，授天下兵馬大元帥。後入隋廷，仍為吳越國王。

- **詔**：中國古代一種命令文體，有告訴，告誡之意，是天子下達臣屬的文體，分為即位詔、遺詔、表詔、伏詔、密詔、手詔、口詔等。這種文體始於秦始皇，終於清代。此外，詔也是中國古代西南少數民族首領的稱號，如南詔、詔家等。

- **淨土宗**：漢傳佛教十宗之一。根源於大乘佛教淨土信仰，專修往生阿彌陀佛淨土之法門而得名的一個宗派。發源於江西省九江市廬山東林寺。始祖是東晉高僧慧遠，唐代善導大師也是淨土宗重要倡導與推動者，被奉為淨土宗第二代祖師，後有承遠、法照等淨土宗十三祖。

- **密教**：中國宗派之一，又稱為真言宗、金剛頂宗、毗盧遮那宗、祕密乘、金剛乘。8 世紀時印度的密教，由善無畏、金剛智、不空等祖師傳入中國，從此修習傳授形成密宗。此宗以密法奧祕，不經灌頂，不經傳授不得任意傳習及顯示別人，故稱密宗。綜合各國的傳承，統稱為「密教」。

· **三論宗**：中國隋唐時期佛教宗派。因據印度高僧龍樹《中論》、《十二門論》和提婆《百論》3部論典創宗而得名。又因其闡揚「一切皆空」、「諸法性空」而名空宗或法性宗。經鳩摩羅什、法朗等數代相傳，教義漸趨成熟。法朗門人吉藏集眾人之大成，創立三論宗。吉藏門下有慧遠、碩法師等，繼續弘揚「三論」。

· **開寶**：北宋太祖趙匡胤的年號，使用時間從968年至976年，共計9年。另外，吳越忠懿王錢俶亦用開寶年號紀年，南唐後主李煜也用該年號紀年。使用該年號的還有北漢、南漢、遼國、大理國、定安國、于闐國等。

【閱讀連結】

據《永明智覺法師傳》記載，延壽大師在天台山德韶禪師處修學期間，曾於禪觀朦朧之中見到觀音菩薩以甘露灌其口，因而獲大辯才。又於中夜經行時，忽覺普賢菩薩的蓮花在手。

冥冥之中，延壽大師感於自己終身的修行趣向還沒有決定，就在內心的感召下，登上智者岩，做了兩個圖，一名「一心禪觀」、一名「萬善莊嚴淨土」。冥心懇禱之後，歷經7次，信手拈起的都是「萬善莊嚴淨土」那一圖。於是，他最終定下決心，從此開始一意兼修禪淨雙業。

電子書購買

國家圖書館出版品預行編目資料

淡定人生：禪宗歷史與禪學文化 / 楊國霞編著.
-- 第一版 . -- 臺北市：崧燁文化事業有限公司，
2022.08
　面；　公分
POD 版
ISBN 978-626-332-578-4( 平裝 )
1.CST: 禪宗
226.6　　111011033

# 淡定人生：禪宗歷史與禪學文化

臉書

編　　　著：楊國霞
發 行 人：黃振庭
出 版 者：崧燁文化事業有限公司
發 行 者：崧燁文化事業有限公司
E - m a i l：sonbookservice@gmail.com
粉 絲 頁：https://www.facebook.com/sonbookss/
網　　　址：https://sonbook.net/
地　　　址：台北市中正區重慶南路一段六十一號八樓 815 室
Rm. 815, 8F., No.61, Sec. 1, Chongqing S. Rd., Zhongzheng Dist., Taipei City 100, Taiwan
電　　　話：(02) 2370-3310　　　傳　　　真：(02) 2388-1990
印　　　刷：京峯彩色印刷有限公司（京峰數位）
律師顧問：廣華律師事務所 張珮琦律師

定　　　價：250 元
發行日期：2022 年 08 月第一版
◎本書以 POD 印製